日本一ほめる保育園に教わる

子どもが伸びる ほめ方 子どもが折れない 叱り方

げんきこども園　理事長
向井秋久
漫画・イラスト　モチコ

Gakken

「ひとつの言葉がけ」だけで子どものやる気や気持ちが変わる！

なーんて言われても、
「本当なの？」とか「そんなことで変わったら苦労しない」とか、
思われるかもしれません。

でも！
あなたが子どもの時に、次のように言われたら
AとB、どちらのほうが、心に残りますか？

A
「廊下は走らない！」

A「ゲームはもう禁止です！」

B「先生は、廊下は歩いたほうがいいと思うけど、どう思う？」

B「ゲームは宿題のあとのほうが思い切りできるんじゃない？」

Bは否定（しない、禁止など）の言葉を使わずに、相手にしてほしいことを伝える言葉がけです。

もし、自分が子どもだった時に言われたら、タイプにもよりますが、Bのほうが「あー」と自分で気づき、行動を改められるような気がしませんか？
そして、言うほうもAよりもBのほうが気持ちがラクです。

このように、
ちょっとした言葉の違いで、
子どもたちの反応も、
そして親の気持ちも少し変わります。

本書は「ほめ方」「叱り方」をメインテーマにしていますが、
それって実は、普段の言葉がけのこと。
「ほめる」ことをもっともっと日常に取り入れるだけで、
子どもも、そしてあなたの心もちょっと変わるはず。

「ほめる」ということは、心にとどめている部分を表に出すこと。

人間は普段心にとどめている部分が90%、
目に見える部分は10%と言われています。
この10%しかない部分で、
いいことをたくさん伝えてあげてください。
そして、目に見えない90%にいい影響を与えてください。

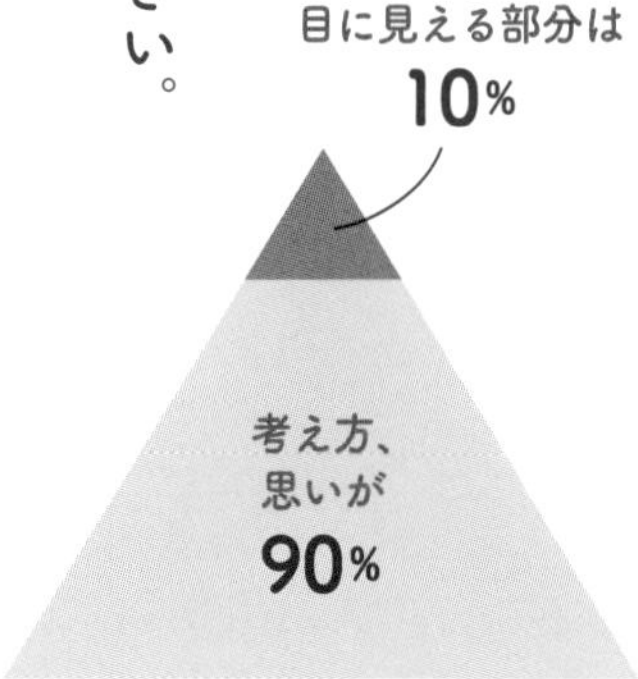

この本では、ちょっとした場面に使える言葉がけや、
子どもたちの変化の例をたくさん集めました。
子どもたちの「しゅん……」を「キラキラ！」に、
「キラキラ」も「さらにキラキラ！」に変える
言葉がけとコツを、ぜひ実践してみてください！

CONTENTS

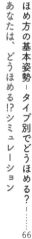

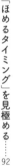

3章 大切なのは「ほめ」「叱る」のバランス

4章 こんな時、どう叱る？ 子どもの心を折らない言葉がけ

5章 「ほめる」も子どもも さらに伸ばすコツ

はじめに

「ひとつの言葉がけ」が子どももあなたも変える

お子さんを伸ばしたい、と考えない親御さんはほとんどいません。

でも、多くの方が忙しい日々の中で何をどう実践していいのか分からないのではないでしょうか。

正解が分からないまま、なんとなくほめたり叱ったりしているけれど、これでいいのかな……と迷い、悩んでいるという親御さんの声を耳にします。

でも、お子さんのために、迷ったり悩んだりすること、それ自体が素晴らしい愛情です。

私はそんな親御さんを、心からほめたいと思います！

はじめまして、向井秋久です。

現在は、社会福祉法人「千早赤阪福祉会」理事長として、大阪府で6つの保育所を運営しています。

私は「日本一ほめる園」の理事長です。

私の経営する6つの園は、先生や職員同士でほめ合い、先生が子どもをほめる、という好循環ができています。園児をほめる回数も、ほめ方も日本一だと自負しています。

私たちの園の園児は毎日、保育士からほめ言葉をシャワーのように浴びせられます。

たとえば、朝の登園時。

「おはよう！　挨拶してくれてありがとう」

「今日も元気で登園してくれて、先生嬉しいよ。ありがとう」

「今日も素敵なお靴履いてるね」

「自分で靴箱にしまえたの、かっこいい！」

「自分で上履きを履けるなんてさすが」……

さらに壁面には、園児やお母さんが互いにほめ合う言葉を貼り出すなど、園内にはほめ言葉があふれています。

日中の活動時間は、先生方やスタッフが「すごい！」「やればできる！」「がんばっているね」「ありがとう」と、ほめ、はげまし、感謝の言葉を与え続けます。

そして、夕方の退園時には「キラキラタイム」といって、みんなの前でほめる、という時間も設けています。「◎◎さんが年少組のお友達にブランコをゆずってくれました！　ありがとう、キラキラ〜！」という具合いです。


なぜこんなにほめるのか。

それは、ほめること、ほめられることには大きな力があるからです。


少し昔話をさせてください。

現在私が理事長をしている園を作ったのは、私の父でした。私が父から理事長を引き継いだのは30代の頃。いまから30年以上も前です。自分自身の子育て経験もなく、幼児教育の専門職でもなかった私が、いきなりたくさんの園児をお預かりする責任者になったのです。

私は毎日必死で考えました。どのお子さんも親御さんにとっては大切な大切な宝物。そんなお子さんの可能性を伸ばすために、私に何ができるだろうか……。

毎日毎日考え続け、考えるだけでなく、さまざまな教育メソッド、人材育成のノウハウなどを学び、試しました。自分なりにいいものを取り入れたつもりでしたが、最初のうちは頭でっかちだったかもしれません。「これではダメだ」と落ち込むこともありました。
最近になって、やっと「頭（知識やノウハウ）と腹（実践）がつながった」と思えるようになりました。
私が行き着いたのは「ほめる」子育てです。
なんだ、あたりまえじゃないか、と思う方もいるかもしれません。
今ではすっかり定番化したほめる子育てですが、本当のほめる子育てを実践できている親御さんはあまり多くありません。
ほめるつもりがイライラして叱ってしまったり、
ほめなきゃと思うあまり、お子さんをうまく叱れなかったり、
言葉だけでほめて、ほめる気持ちがお子さんに届いていなかったり、
なぜか、お子さんをほめるほどに自分自身が苦しくなってしまったり……。
わが子をほめようとして、そんなワナにかかってしまっている人があまりにも多いのではないか、と感じています。

実際に、よく親御さんたちから「子どもってどうほめたらいいのでしょうか？」や「子どもの叱り方がわからないんです」なんて質問をいただきます。

本書では、私が日頃考えている、子どもをほめるための親御さんの心の持ちようをお伝えします。マインドだけでは実践できないので、実際に毎日、お子さんたちをたくさんほめている園の先生方に協力してもらって、今すぐ使えるほめノウハウも併せて、できるだけたくさん紹介しています。ぜひ毎日の子育ての参考になさってください。

あたりまえをほめ、愛情を持って叱ればどんな子も伸びていきます。

ほめて育てればお子さんはやる気にあふれ、毎日楽しく幸せに成長します。ほめている親御さん自身も、自分の発するほめ言葉に包まれて、上機嫌で毎日を過ごせます。ほめて育てれば、もう子育てに悩むことはありません。自信のなさに落ち込むことも、他の子とわが子を比べてガッカリすることもなくなります。ぜひ、お子さんをたくさんほめて育てましょう。

LET'S PLAY!
HOME - IKU

1章

子どものやる気を引き出す「ほめ」の習慣

1章-1

第一歩は「自分ほめ」

子どもを伸ばすには「ほめる」が一番

わが子の自己肯定感を育て、やる気を伸ばし、幸せに成長させるために、親はどんなことができるのだろう、と今この本を手に取っている親御さんたちは頭を悩ませているかもしれません。

様々な価値観が混在する時代、何が正解なのか、さらにわかりづらくなっている世界です。厳しくしつける、やさしく伝える、ていねいに説明する、自分で考えさせる……など育児についてだけでも、様々な考え方や方法論がこの世には提示されています。

ただ、私が思うに一番確実、かつ安全に、子どもの「やる気」を伸ばし、自己肯定感も高め、そして生き抜く力が身に着く、すべてに効果があるのは、ズバリ「ほめる」ことです。

今さら「ほめる育児」と言われても、もう知っていると思う方も多くいるでしょう。でも、今一度見直してみてほしい部分や、いわゆる「ほめる」だけではない部分まで私たちの園での実例なども交じえながら具体的にこの本ではお伝えしたいと思っています。

まず、ほめられて育った子どもは……

「自分は認められている」と思えるため、やる気が生まれます。
失敗したときでも「もう一度チャレンジしてみよう」と立ち直れます。
新しいことに挑戦する気持ちにあふれています。
愛されていると実感し、安心感のなかで幸せに成長します。
自分以外の人を思いやることができ、人に恵まれるようになります。

私たちの園では、子どもがいいことをしてくれたとき（例えば、スリッパを並べてくれた、友達の忘れものを届けてくれたなど……）どんなに小さなことでも、気付いたその時に周囲の人が「ありがとう」と感謝を伝え、さらに「素敵だね」「嬉しいな」「かっこいいね！」など、様々な言葉でほめています。

面白いことに、後日、その様子を見ていた他の園児が、そのお友達がほめられた行動をするのです。1人の園児がほめられたことで、ひとり、またひとりとクラス内に広がっていき、「してほしい」行動が自然に増えていきます。そんなプラスの要素がどんどん園内で循環していくのです。

このように、ほめることで、直接教えたり注意したりしなくても、してほしくない行動は減り、してほしい行動が増えていきます。家庭でも同じです。きょうだいやあなたのパートナーがほめられているのを見たお子さんは「これはいい行動なんだ」と学習します。

そして、ほめることを習慣にして、その循環ができあがると、子育てがぐっとラクになるのです。

……と、このように言うのは簡単ですよね。実際は、「ほめるのが苦手」という親御さんは少なくありません。「ほめるところが見つからない」「ほめ方が分からない」という声もよく聞きます。

どうしたら子どもをうまくほめることができるでしょうか。

その前に、ちょっとだけ、お子さんをほめる前段階の重要なことをお話しさせてください。

お子さんをほめることが苦手な人には、ある共通項があります。

それは、「自分」へのほめ言葉が足りないということ。

自分をほめることが、実は一番大事なことなのです。

子どもをほめる、その前に「自分」をほめる

子どもをうまくほめられないと悩む人の多くが、「自分はあまりほめられた経験がない」と言います。

そう、自分がほめられていないと、自分以外の相手をほめることは難しいのです。

慣れ、というのもありますが、人はほめられて、満足度が高まって、はじめて自分以外をほめる心の余裕や、ほめる視点をもつことができるようになっているのです。

「シャンパンタワー」を想像してみてください。

カクテルグラスをピラミッド状に積み上げ、頂上のグラスにシャンパンを注ぐと、順番にあふれて下の方へとシャンパンが流れて、やがて一番下のグラスまでシャンパンが満たされていきます。それを人の心に置き換えてみてください。一番上があなたの心です。あなたの心が満たされることで、周りの人の心も満たされていく。これを「シャンパンタワーの法則」と言います。

ほめるための心の余裕も同じようなもの、と私は考えています。一番上のカクテルグラス（＝

あなたの心）に、シャンパン（＝ほめられること）が満たされ、あふれなければ、他の人を心からほめることはできません。

「でも、今までほめられてこなかったし、毎日がんばっても、ほめてくれる人なんかいない」そんな声が聞こえてきそうです。

……他人に頼るのは一回やめてみましょう。
ほめるのは、あなた自身。「自分」で「自分」をほめるのです。

「自分を愛する程度にしか他人を愛せない」と言ったのは、精神科医のF・フロム＝ライヒマン。
自分を愛せない人は、他人を愛することができません。逆に、自分を愛せる人は同じ程度で人を愛することができます。だから、自分を好きになり、自分を愛する「自分ほめ」が大事なのです。

「自分をほめるなんて、ナルシストみたいでちょっと抵抗がある。そもそも、ほめるところなんかない」という人も多いかもしれません。

私たち日本人は「謙虚であること」が美徳とされる価値観の中で育ってきてしまいました。自分の子どもなど、身内をほめることをよしとしない社会規範もありました。謙虚が行きすぎて、心の中に「私なんて」「俺なんか」と自分をないがしろにする気持ちを育ててしまった人がとても多いのです。

そういう方は、自分で自分をほめたり認めたりすることが非常に苦手です。

日本においては、最初から自分をほめることができる人の方が少数派かもしれません。園の先生の中にも、そんな人が最初はたくさんいました。

でも「自分をほめる」というのは、不自然なことではありません。

むしろ、自分自身との良好な関係を築くためには必要なことなのです。

自分自身との良好な関係というのは、言い換えれば「自分との人間関係」です。

周囲の人との関係には気を配っているのに、「自分との人間関係」をおろそかにしてしまっては元も子もありません。考えてみてください。生まれた瞬間から死ぬまで、一生あなたの離れずにそばにいるのは誰でしょうか？　他ならぬ自分自身だけなのですから。

「私」は「私」にとっての、「あなた」は「あなた」にとっての、最重要人物です。

自分をほめて、自分を好きになって、自分といい関係を築くことが大切です。

それができていれば、お子さんのことも、上手にほめて伸ばしてあげられるようになるでしょう。

私えらい♡
よしよし♡
ごほうびケーキ食べちゃお～♡
褒

自分自身をほめるコツ

人間の脳の特性のひとつに、面白いものがあります。

私たちの脳は言葉を脳内に取り込むとき、その言葉が「誰の発言か」までを理解できていないらしいのです。

言葉を認識するとき、私たちの脳は当然、言葉の内容そのものは理解しますよね。

でも、それが自分自身が発したものなのか、他人に言われたのかは、あまりこだわらずに脳は取り込んでしまうのだそうです。

つまり、自分で自分をほめても、人からほめられたのと同じだけの効果がある、ということです。

誰かにほめられるのを期待して待つよりも、自分自身で自分をほめて、自ら心のグラスを満たしていく方が手っ取り早いのです。

とはいえ、どのように自分をほめたらいいのか途方に暮れてしまう方々のために次ページから自分自身をほめる時のコツをまとめています。どれか1つでもできたら立派です！　日々の生活の中で少しだけ意識してみてください。

まずは自分自身をほめようとしていることを、ほめてあげてくださいね。

自分に声をかける

今、自分にしか聞こえない小さな声で「私はがんばっている」とつぶやいてみてください。子育てや毎日の仕事、家事などを頑張っている自分を認めてあげましょう。

さらに、そんな頑張っている自分を、どうほめようか、ほめ言葉を考えます。それだけで脳は「ほめる」ことに自然に焦点を当ててくれます。

「1ほめ3感謝」を実践する

ほめるのが苦手な人には、毎晩寝るときに自分を1つほめて、周囲の誰かにしてもらったいいことを3つ思い浮かべて感謝する「1ほめ3感謝」をすすめています。

「今日●◎さんに仕事で助けてもらった、ありがとう」
「今日は天気がよくて気持ちがよかった、お日様ありがとう」
「今日も元気に成長してくれた、わが子にありがとう」
「今日もがんばった自分の体にありがとう」

自分ほめも、ありがとうも、ごく小さなことで構いません。
これを習慣にすることで、自分自身とも、周囲との関係もよいほうに少しずつ変化します。

あたりまえをほめる

ほめるところがなかなか見つからない、という人は、まずはあたりまえだと思っていることからほめていきましょう。

「時間通りに起きられた、素晴らしい」「遅刻せずに会社に行けた、すごい」「えらい、交通ルールをちゃんと守った」「朝ごはんを作ったなんて最高」……毎日あたりまえにしていることも、けっこうすごいと思いませんか？

書いてほめる

手帳や日記帳に「1ほめ3感謝」を毎日書く、という人もいます。

後述しますが、書くことによってさらに深く「ほめ」が印象づけられるので、おすすめです。

自分に「ごほうび」をあげる

言葉でほめるだけでなく、自分にごほうびをあげるのも「自分ほめ」のひとつの方法です。

花を一輪飾ると気持ちが上がる人、アロマで癒される人、ネイルサロンや美容院……何がごほうびになるかは、その人によって違いますよね。好きなことをひとつ、がまんせずに「ごほうび」として自分に与えることで、心に余裕を持ってわが子のことを見ることができるようになります。

自分ほめを実践した園の先生は「園児のいいところがますます見つけられるようになった」「自己肯定感が上がって家族にやさしい言葉をかけられるようになった」と感想を伝えてくれます。

自分ほめにモヤモヤするときは

ある先生は「厳しく育てられたので、自分をほめられなかった」と言います。

母にほめられた記憶はほとんどありません。私に子どもが生まれて、大変なときも母からは「母親だから当然でしょ」と言われました。

そんな環境にいて、自分をほめることなんて、私には考えられなかったし、私ばかり損をしていると思っていました。

でも、毎日『1ほめ3感謝』を続けていくうちに気持ちが変わり「感謝することってこんなにたくさんあるんだ、気が付けた私ってラッキーだな」と思えるようになりました。

この先生はそれが自分自身を好きになるきっかけだったと言います。

自分ほめがうまくかない、ほめたいのにモヤモヤする、ということもあるでしょう、そんなときは、次のことも考えてみてください。

「負の感情」も大切にする

自分をほめるためにいいことを思い出そうとしているのに、「子どもを感情的に叱ってしまった」「あれもこれもできなかった」「あの人に比べて自分は……」などと、逆に自分を責めたりダメなところばかりみてしまうこともあります。

そんな気持ちも大切な自分自身の一部ですから、否定せずに「そうだね、嫌だったね」と受け止めてあげましょう。自分だけは、いつでも自分の味方でいることが大切です。そのうえで、そのできごとのよい面を探します。「あとで子どもにちゃんと謝った」「できないことは多かったけど、自分としては精いっぱい頑張った」など、ほめるべき面がきっとあるはずです。

「○○せねばならない」の思い込みを外す

自分はそうでないと思っていても、「私は、お母さん（お父さん）だから、こうしないといけない」という思い込みに無意識に囚われていないでしょうか。

理想を求めるのはいいことです。ですが、役割に縛られ「こうしなければ」を追求することはよくありません。

自分のしたいことをしたり、自分自身をほめることを、どうか自分に許可してあげてください。周囲に「母（父）親なのにそんなことをして」と言われたとしても、罪悪感を抱く必要はありません。子育て中はどうしても子どものためだけを考えがちですが、少しワガママなくらいがちょうどいいのだと私は思います。その罪悪感を手放してみましょう。

イライラしている自分を受け入れる

子育てにはイライラがつきものです。

子どもが深夜になっても寝てくれないとき、朝、園に行く時間なのにグズグズしているとき、おもちゃを片付けないとき、せっかく作った食事を食べてくれないとき……さまざまな場面で親御さんがイライラしてしまうのは、お子さんを正しく育てたい、より健やかに成長してほしいという願いがあるからです。

その願いと、現実との間にあるギャップ（差）が、思うように埋まらないことが、イライラを発生させるのです。

「イライラ」という感情を感じている自分も自分の一部です。「今、イライラしているんだね」と受け入れてあげましょう。

お子さんを正しく育てたい、より健やかに成長してほしいという、願いがあるからイライラするのです。そう考えると、イライラは決して悪ではありません。

子育てに責任感を持っている自分をほめて、認めてあげてくださいね。

1章-2

家庭内で「ほめサイクル」を循環させる

子どもは親のマネをして育つ

知っている人に会っても子どもが挨拶できない、そんなときあなたはどうしますか？

私だったら、まず自分が挨拶しているかどうかを確認します。

だって親が挨拶をしていないのに「近所の人や知り合いに会ったら、ちゃんと挨拶するのよ」なんていくら言っても、できないと思いませんか。

子どもに挨拶をさせたいときは、親御さんが、「おはようございます！」「こんにちは！」と大きな声で明るく挨拶をする姿を見せることです。

「お友だちと仲良く」「きょうだいゲンカはやめて」というより、お父さんお母さんが仲良く、互いをほめ合っている姿を見せる方が効果的です。

子どもは身近な大人の姿を見て、マネをして育ちます。「これはいいことだからマネしよう」「これはよくないからマネしないでおこう」と振り分けることはありません。親御さんの行動、言葉など、存在すべてから影響を受けます。

私たちの園では、先生がたは「ありがとう」を意識して多く言うようにしています。その影響で、子どもたちは「ありがとう」をたくさん言えるようになりました。

給食の時、食器を置いてくれた先生に「ありがとう」、遊んでいるとき、遊具を譲ってくれたお友達に「ありがとう」、お迎えの時も靴を取ってくれたお父さんお母さんに「ありがとう」……そんなふうに「ありがとう」という言葉が自然に出てくるようになり、今では園内の全てのクラスに「ありがとう」があふれています。

園の先生の言動だけでこれだけ大きな影響があるのです。親御さんの影響力がいかに大きいか、想像してみてください。

子どもをほめるコツ

この本の本題ともなる「ほめ方」についてですが、子どもをほめるとき、私は次のようなことを大切にしてほしいと思っています。

過程をほめる

「できたね！」「上手だね」と結果をほめるより、過程をほめることを心がけましょう。

「この絵はよく観察して描いていたよね」「跳び箱が跳べるようになるまで何度も練習していてすごいね」など、子どもがどのように取り組んでいたのかを観察してその過程をほめましょう。

具体的にほめる

「すごい」「かっこいいね」などと全体をほめるのもよいですが、子どもが工夫したり努力した部分に気付いて具体的にほめましょう。

「ここは色を重ねて本物に見えるように工夫をしたんだね」「跳び箱の手の付き方がよかったよ」など、ピンポイントかつ具体的にほめることで、子どもは「ちゃんと見ていてくれた」と親への信頼度が高まり安心できます。

「あたりまえ」をほめる

子どもが絵を描いた、跳び箱に挑戦した……何でもないあたりまえのことですが、そのあたりまえをほめましょう。

「素敵な絵を描いたね」「跳び箱に挑戦してるのはいいね！」など、そのままほめればいいのです。

赤ちゃんの時は、寝返りを打った、お座りができた、立てた、歩いた……とあたりまえのことでいちいち感動してほめていましたよね。

子どもは生まれてまだ数年です。「あたりまえ」と親御さんが思うようなことができること自体、あたりまえではなくて、奇跡なんです。

進化をほめる

子どもは毎日少しずつ成長しています。ほんの少しの変化も見逃さずに、日々、ほめていきましょう。

「昨日より上手になっているみたいね」「少し速く走れるようになってるよ」など、努力を認めてもらうと嬉しい気持ちになれます。

「感謝」を伝える

「コップを運んでくれてありがとう」「助かったよ」など、お手伝いをしてくれたときには「あたりまえ」と思わずに感謝を伝えましょう。

ほめられたときと同じように、子どもは嬉しい気持ちになり、自己肯定感がアップします。

1回でも多くほめる

ほめ言葉や感謝の言葉は、多すぎていけないということはありません。多いほど、子どもは気持ちが満たされ、周囲の人も同時に満たされていきます。1回でも多くほめられるよう、夫婦や家族で協力して、子どもをほめてあげてください。

「ほめ」は循環して大きくなる

嬉しいことに、ほめは循環して大きくなるという特徴があります。

私が園で目指しているのは、職員ひとりひとりが「自分ほめ」を実践して自己肯定感をあふれさせ、それが園児に伝わり、保護者の皆さんに伝わり、家庭の中に「ほめ」がたくさんあふれている状態です。

それぞれが自分自身を喜ばせ、周囲を少しずつほめていくことで、このサイクルはどんどん大きくなっていきます。

家庭でも「ほめサイクル」を作っていきましょう。

お父さんお母さんがほめ合うことで、子どもも「ほめの循環サイクル」に入ることができます。

一番の正攻法は、お伝えしたように「自分ほめ」からはじめることです。

しかし、ほめはぐるぐると回って循環しますので、子どもやパートナーをほめることからはじめるのももちろんOKです。

自分以外の人をほめることで、ほめ言葉は自分の耳に入ってきます。それが「自分ほめ」にもつながります。

ぜひ、自分をほめて、子どもをほめて、パートナーをほめていきましょう。

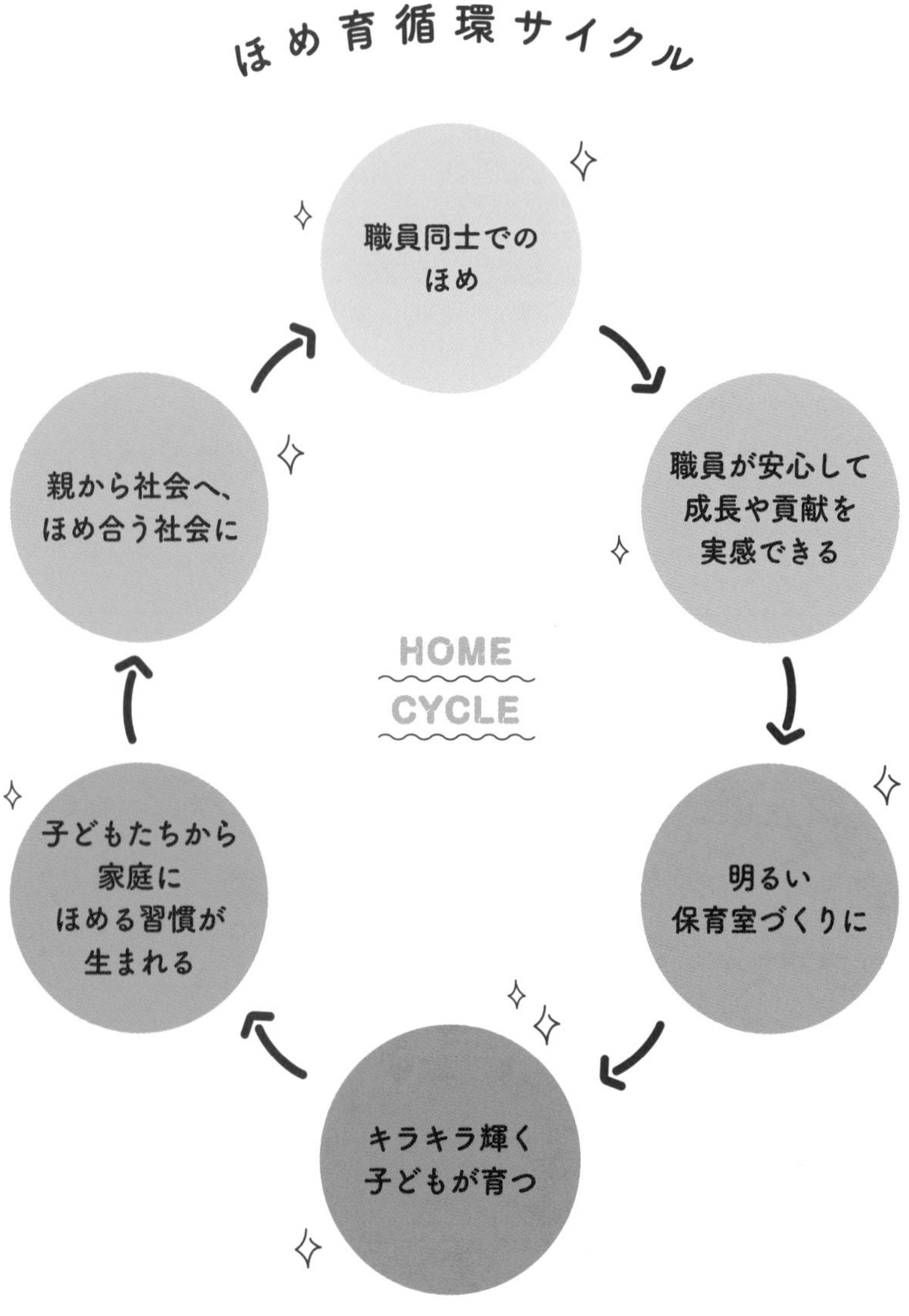
ほめ育循環サイクル
職員同士での
ほめ
職員が安心して
成長や貢献を
実感できる
明るい
保育室づくりに
キラキラ輝く
子どもが育つ
子どもたちから
家庭に
ほめる習慣が
生まれる
親から社会へ、
ほめ合う社会に
HOME
CYCLE

1章-3

最難関はパートナーをほめること

パートナーは一番ほめにくい

家族内でほめを循環させよう、と言った早々に大変申し訳ないのですが、身近な存在が一番の難関としてあなたの前に立ちふさがるはずです。それは、パートナー。実際に、パートナーがいる方の多くが、夫や妻などパートナーが一番ほめにくい、と答えます。

特に子育て中は、お互いに不満が溜まりがちな傾向にあります。「自分ばっかり」「自分だけやっている」など思いがちで、精神的にも体力的にも余裕がなくなります。自分や子どもにばかり目を向けて相手をおろそかにしがちなのです。

「こっちは仕事が終わって、園にお迎えに行って、急いで夕食の支度をしているのに、ビールを飲んでゲームをしようとしている。その様子をみると『私ばっかり』って腹が立ちますよ！」

「子どものことを思って叱っているのに、その横で『ママはうるさいねえ』なんて言われて、悲しくなった」

「私だって休みたいのに休日は友だちと出かけて家にいない、子育てに関心がないのかな……」

「できる限りのことをやっているのに『なんでこんなこともちゃんとできないの!?』と怒られた」


お互いにこんな不満が溜まってしまっているご夫婦が、過半数、いや8割くらいではないでしょうか。そんな状態で「パートナーをほめてください」というのは難しいですよね。

職員にもパートナーをほめることをすすめていますが、はじめのうちは「ほめられない」「ほめるところが見つからない」という人が少なくありませんでした。


それでも。それでも、やはりパートナーはほめた方がよいのです。

なぜなら、パートナーをほめることで、たくさんのいいことがあるのです。

私は日常的に妻をほめていますが、夫婦間でほめ合うことにはこんなメリットがあります。

・夫婦仲がよくなり家庭内が円満になる
・家庭内の雰囲気がよいと子どもの心が安定する

・お互いに思いやりの気持ちを持って助け合える
・毎日の子育てで協力体制が作れる
・年を取っても仲のよい夫婦でいられる

パートナーをほめるコツ

パートナーに対して「今日も、あなたがいてくれる、ありがとう」と心から思える人は幸せです。でも、そんな素直にやさしい気持ちになれるのは年に数日程度。だから、ちょっと考え方を変えてみてください。

相手をほめる＝自分をほめる、と思うようにしてみてください。「自分ほめ」のところでも書きましたが、脳は言葉の内容そのものは理解しても、誰が誰に対して発したものか、あまり気にしないと言われています。

つまり、パートナーをほめた言葉が自分にもかえってきて、誰かにほめられたのと同じだけの効果がある、ということです。

「鏡の法則」という言葉を聞いたことがあるでしょうか。

あなたの周囲の人はあなたの内面を映す鏡です。相手をほめて認めることは、自分をほめることとイコールです。ほめた分、与えた分は自分に返ってきます。

純粋な気持ちで相手をほめよう、と思うよりも、「自分のために」相手をほめようと思うと少し気が楽になりませんか？

では、どんなふうにパートナーをほめたらいいのでしょうか。とっておきのコツをいくつかお伝えします。

「あたりまえ」をほめる

パートナーに対して「やってくれるのがあたりまえ」という感覚になっていないでしょうか？改めて考えてみると「あたりまえ」の日常ほどありがたいことはありません。

「毎日家族を思って働いてくれている」「健康でいてくれる」「子どもと仲良く遊んでくれる」など「あたりまえ」のことに目を向けることが、ほめるコツです。

「ありがとう」を具体的に伝える

特別な場面や、何かしてもらったときだけでなく、普段の生活の中でも「ありがたいな」「嬉しいな」と思うことを伝えましょう。

「ありがとう」だけでもいいのですが、何に感謝しているのか、どう助けられているのかなどを具体的に伝えるのがおすすめです。思いは言葉にしなければ伝わりません。

書いて伝える

ほめ言葉を口にするのが照れくさい場合は、手紙やメモで伝えましょう。後述しますが、書いてほめることにはさまざまなメリットがあります。

ほめる日を決める

数年前にヒットしたテレビドラマ『逃げるは恥だが役に立つ』で、主人公の2人が夫婦らしくあるために「ハグの日」を決めて週に1度ハグをする、というシーンがありました。

これは「ほめる」にも使えます。週1度でも、月に1度でも「ほめる日」をあらかじめ決めておくのもおすすめです。月曜日には感謝の言葉を伝える、毎月19日にお互いにほめ合う、などカレンダーに印をつけておきましょう。

・相手が大事にしていることを大事にする

相手が大事にしていることを大事にすることも「ほめ」につながります。

例えば、あなたが大切にしているアクセサリーを雑に扱われたら、嫌な気持ちになりますよね。逆に、素手で触らないなど丁寧に扱われたら、まんざらではない気分になるはずです。

他人にとってあまり価値のないものでも、人は自分の大切にしているものを大切にしてもらいたいものです。パートナーが大切にしている仕事、趣味などを、同じように大切に考えることで、価値観を尊重しているということにつながります。

パートナーとの関係が変化した

でも、ほめたくらいでそんなに変わるのかな？　と思っている方も多いでしょう。

2人の園の先生がご自身のパートナーをほめた体験談を教えてくれました。

・共働きなので、洗い物や子どもの支度など、夫もいろいろやってくれてはいるのですが、以前の私は「いや、やって当たり前だし」とか「逆にこっちが感謝してほしいくらい」と思っていました。自分をほめて、パートナーをほめる、と決めても夫に対する気持ちは変わりませんでした。

でも、不満な気持ちがあっても「ありがとう」という言葉を無理にでも出そうと決めて、実践することにしました。「洗濯物を畳んでくれてありがとう」「早く帰ってきてくれてありがとう」「毎日元気で会社に行ってくれてありがとう」など、今まであたりまえと思っていたことに「ありがとう」と感謝を伝えました。

それを続けていると、夫も仕事をしてしんどいのにいろいろやってくれているんだなと気付き、本当に心からありがとうと思えるようになってきたんです。

すると、夫が変わり始めました。こちらが言わなくても、前よりももっと家のことをしてくれるようになりました。

まずは、私が発する言葉が変わり、表情や態度が変わったから、夫も少しずつ変わってくれた。お互い少しずつ変わり続けたのかなと思います。

・最初は「ありがとう」を言い始めました。

家庭では主人に対して「なんで、私ばかりが頑張らなければいけないの」と思っていました。

でも、それでも、何かちょっとでもしてくれたときに、「ありがとう、助かった」と「嬉しい」と言って、感謝するようにしました。

そうしたら、主人も変わり始めたんです。

毎朝私が弁当を作るんですが、弁当を持って行くときには必ず「いつもありがとう」と言うようになりました。朝、私が早く起きて、お弁当を作り、朝ご飯と晩ご飯の準備もして……という、一連の流れを主人が見て、「いつも感謝している」と言ってくれるようになりました。

私が一言、「ありがとう」と言ったことがきっかけで、こんなに変わったのですから、言葉の力ってすごいなと思いました。

もちろん、読者の方の中にはパートナーがいらっしゃらない方もいるかと思います。その方は、このハードルが1つ少なくなります。ただ、仕事量はパートナーがいる方よりも多いはず。より「自分ほめ」をしっかり行い、まずは自分を労わってあげてくださいね。

1章-4

「書いてほめる」のすごい効果

気持ちをカタチにする

自分をほめるときは、そっと心で思っているだけでも効果がありますが、子どもやパートナー、そのほかの人をほめるときは、言葉にしなければ伝わりません。

「でもほめ言葉を口にするのは恥ずかしい……」という方も多いでしょう。

そこでおすすめなのが「書いてほめる」という方法です。ほめ言葉を直接言われるのも嬉しいですが、「書いてほめる」ことで、その嬉しさと効果がさらに大きくなります。

便せんでも、カードでも、メモでも、なんでも構いません。

あなたが書きやすく、相手が受け取りやすい形で、ほめ言葉をたくさん書いて伝えましょう。

「書いてほめる」のすごい効果

園でも先生同士で「書いてほめる」を実践しています。最初は（めんどくさい）（恥ずかしい）などの気持ちから及び腰だった先生達も地道に続けた結果、今は次のように感じているそうです。

・周りの先生達を書いてほめることで、ほめた言葉が自分の自己肯定感も上げています。自分もそのほめ言葉を浴びていることによって、「できる」「やれる」「大丈夫」という気持ちが生まれてきます。

・もらうのもすごい嬉しいんですが、渡すのも嬉しいんですよ。もらう嬉しさ、喜んでもらえる嬉しさ、両方あります。

・書いたものが人間関係の潤滑油になるだけじゃなくて、書くために、いいところを探す行動がコミュニケーションのきっかけになっています。

もらったカードや手紙は、間違いなくその人の元気の源になります。時間が経って見返すことでさらに元気・勇気づけられるという話をよく聞きます。
そう、書いてほめることには、次のような効果があるのです。

もらうのも渡すのも嬉しい

手紙やカードをもらって「嬉しいな」と感じたことは誰にでもあるでしょう。ほめ言葉や感謝の気持ちを目に見える形にして、子どもやパートナーに伝えてあげてください。喜んでもらえれば、渡した人も嬉しいはずです。

何度でも見直せる

「書いてほめる」は、もらった瞬間はもちろん、時間が経っても嬉しいものです。直接口にして伝えた言葉は、時間が経つと記憶が薄れてしまいますが、手紙やカードはいつまでも残り、何度でも何度でも見直すことができます。見直した人はそのたびに、ほめ言葉を受け取っていることになります。

書くことで脳に印象づけられる

学生時代に英単語を書いて覚えた経験がある方は多いでしょう。ただ読むよりも書いたほうがより記憶に残ります。書いてほめることで、ほめ言葉は伝える側の人の脳に強く印象づけられます。

言いにくいことでも伝えられる

照れくさくて口には言い出せないことも、手紙なら伝えられるのではないでしょうか。ほめ言葉を口にするのが恥ずかしい場合は積極的に書いてほめることをおすすめします。

書いた人も元気になる

相手をほめよう、と考えるだけで、脳は「よいこと」にフォーカスし、プラスの方向へと動き出します。脳は誰が誰に発しているのかは気にしないので、ほめ言葉を書くことで書いた本人がほめられるのと同じ効果があります。

また、特に子どもへは次のような効果も考えられます。

記録として残る

書いたものは残ります。ほめ言葉を育児日記の代わりに保存しておくのがおすすめ。

できるだけしっかりほめようとすれば、記述内容はより具体的に。数年後には、よい記念になっているはずです。

読み書きの練習になる

年中、年長さんくらいになると、そろそろ「ひらがな」の読み書きを覚えてほしい、と考える親御さんも多いでしょう。ほめ言葉を書いて渡すことで、子どもの文字に対する興味関心も高まります。

「できたねカード」などを作ったり、交換日記制度を設けたりすることで、子どもと親の間で「書く習慣」を一緒に作ると、「学び」にも有効なものになるかと思います。

より深く理解してもらっていると思える

「ほめ」を文章で書く際は、「いいね」「やったね」という簡単な言葉よりも、より具体的に言葉にしようと思うはずです。

最初は「笑顔をありがとう」など抽象的でカンタンなものが、毎日書き続けているうちに「夕食の時に食器を並べてくれてありがとう」「苦手なニンジンを食べてくれてすごいと思ったよ」などだんだん具体的になっていくはずです。

そうすると、子どもたちは「見ていてくれたんだ」と感じられ、ほめられた行動を忘れないでしょう。

ある先生は毎日のように自分の子どもたちへのメッセージを書いて、渡しているそうです。

例えば「いつも勉強にしっかり向き合っていて素晴らしいね。あなたのその姿に母は勇気をもらえます」といったメッセージを、ちょっと弁当に入れたり、置いたりしています。子どもたちは思春期なので、最初は「何これ、きもち悪い」とか「やめて」とか言っていたのですが、内心は喜んでいるようです。

率先して手伝ってくれるようになり、私に対してもほめ言葉をかけてくれるようになりました。

私は、園の職員や先生方はもちろん、妻や子どもたちにも「ほめシート」を渡しています。大学生の息子も、ぽそっと「ありがとう」と言いながら受け取ってくれています。あまり表情には出しませんが、よく見ると嬉しそうです。

もちろん自分を書いてほめるのもいいことです。自分自身に対して「今日もこうやって生きてる、楽しく普通に過ごせてることをありがとう」と書けたら最高ですね。

1章-5

「ほめ」で子どもの自己肯定感がアップ

科学的に証明されているほめることの効果

ほめる、ほめられることには、さまざまなプラスの効果があることが科学的にも証明されています。

古い実験では1925年にエリザベス・ハーロック博士が行った、小学生を対象とした研究があります。博士は子どもたちをグループに分け、それぞれに「ほめる」「叱る」「無視する」という三つの行動をくり返しました。すると、ほめられた生徒の成績だけがぐんと伸びたのです。

2010年ブルース・ドブキン氏は、脳卒中患者のリハビリにおいて、ほめられた患者はそうでない患者よりも歩行速度が大幅に向上したと発表しました。ほめ言葉が「やる気」「いい気分」

をつかさどるドーパミンの分泌をうながし、リハビリの効果を高めたと考えられています。

また2012年の定藤規弘教授による研究では、ほめられることが子どもたちの記憶力を高め、学業成績の向上につながったことが明らかにされました。

ほめようとするとき、人はほめたい人をじっと観察し、良い点を見つけ出そうとします。ほめようとする相手への興味や関心、理解が深まります。

さらに、相手をほめると、ほめた人自身もストレスが緩和され、幸せな気持ちになるホルモンであるオキシトシンが分泌されます。これにより、ストレスが減少し相手への信頼感が高まる効果があります。

心理学には「好意の返報性」といい、人は受けた好意を何らかの形で返そうとする傾向があるということも認められています。ほめられたら何らかの形で返したい、と自然に思う傾向があるのです。

つまり、ほめること、ほめられることは、能力をアップさせ、喜びややる気、信頼感や親近感を高め、対人関係に好循環をもたらすのです。

これが、多感な時期の子どもたちの成長、育ちにどれだけプラスになるか、想像してみてください。

ほめられた子どもたちは少しずつ自信を積み上げて、失敗を恐れずチャレンジできるようになります。

私たちの園ではほめる習慣を取り入れたことで、子どもたちをほめている先生方も、どんどん明るくポジティブになっていきました。

園の雰囲気がとても良いので子どもたちはみんな園が大好きです。

ほめることでどんな風に子どもや園、親御さんたちが変わったのか、先生たちに聞いてみました。たくさんの声が集まったので、こんなふうに変わるんだという部分を見ていただければと思います。

「ありがとう」があふれています

日常のふとしたところに、子ども同士で感謝を伝え合っている姿がよく見られるように。

・私がいま担任している1歳の子達は習慣的に「ありがとう」って言うんです。園では「どうぞ」って言うだけで「ありがとう」。何かをしてもらったときに当たり前のように言ってくれます。子ども達が素晴らしいのは、それを家庭でも言っているところです。「うちの子、家で『いつもありがとう』って言ったんですよ。〝どういうことなの〟ってびっくりして泣きました」とある親御さんが報告してきてくれました。

また、教室の壁面に、親御さんにお子さんのいいところを書いてもらうスペースを作っているのですが、そこに「ありがとうという言葉が言えるなんて素敵だね」と何人もの方が書いてくださっています。

・年長さんのクラスでは給食の際に、お当番さんの園児がみんなにコップを配ってくれるんですが、座って待ってるお友達から「ありがとう」という言葉が自然に出てくるんです。それだけでも、本当にすごいなって思います。

挑戦する意欲がアップ！

ほめられることで自信がつき、なんでも〝やってみよう〟〝できる〟と挑戦する意欲もアップしています。

・ほめることで子どもの意欲がアップしました。
4、5歳児になると、いろいろわかってきて「これがやりたい」と思っても、「でも……」と躊躇してしまうことがあります。
でも、ほめられる機会が増えることで、そういう頭で考えた苦手意識よりも、ありのままの素直な気持ちで「やりたい」「やってみる」「やったらできる」「チャレンジしたい」という意欲が強くなってきたように思います。

・園では1歳児からパンツやズボンを自分ではくことに挑戦しています。
保育士はさりげなく援助をして、はけた時には「すご～い！ はけたね！ やった～」と手をたたいて喜び、自分でできたという自信につなげています。
ある日、お友達が一人ではけた姿を見て、別の子が「すご～い！」「すご～い！」と連呼する姿がありました。お友達が頑張ってできたことを認め、素直に一緒に喜んであげられる姿に、子どもたちにもほめ育が浸透していると感じました。

・様々な行事がある中で、「苦手だから…」と取り組むことに消極的な子どももいますが、周りの子の応援もありその子なりに、挑戦してみようとする意欲が出てきています。

・ほめてもらうことで、自信(自分を信じる力)につながり、最後まであきらめずに何事も楽しんであそびに取り組むようになりました。

子ども達はみんな、運動面に意欲的で、連続逆上がりだとか一輪車だとか、目標を持ってチャレンジしています。

・「自分で」の思いが高まって、園の準備を自発的に行ったり、「○○ができるようになった！明日も頑張る！」と園に行くのを楽しみにするようになったとお母さんから聞きました。

周りの人を応援する気持ちが芽生えています

周りの友達の努力やいいところを認め合う姿も見られます。

・とびばこや逆上がりなど一生懸命にとりくんでいる子ども達に対して「すごいね」「すてきだね」「かっこいい」とプラスの言葉を伝え合う姿が見られます。

・園にはさまざまながんばり賞があり、賞をもらうことが一つの目標になっています。目標に向かって努力する友達の姿が良い影響となって意欲的に取り組むことにつながっています。

・すすんでお友達のいいところを見つけています。誰かに助けてもらった時や、何かしてもらった時に自分で「〇〇さんがこんないいことしてたよ！」「今日ほめシートに書こう」と子ども達の方から声が上がるようになりました。

・私が何気なく描いた絵を子ども達が「先生すごい！」「絵が上手！」とほめてくれたことで、絵に対する苦手意識が減りました。

家庭での変化

自分をほめ、子どもをほめ、パートナーをほめると「ほめ」が家庭内にあふれて、循環します。

・日々保育の中で、またご家庭にも〝ほめ育〟を取り入れていただくことで、子ども達の日常や毎日の中には「すごいね！」「できたね！」「やったね！」とプラスの言葉であふれています。そうすると、自然と自己肯定感が高まり、自信がつき、積極的、主体的になり、イキイキわくわくしているように見受けられます。

・私は自園に子ども3人を預けている保護者でもあります。子ども達を見ると、人の良いところを見つける力が優れている、ありがとうが自然に出てくる、誰かを勇気付けることができる、リーダーシップがとれる、そんな力が親である私から見ても育っています。

・保護者から、家庭でも子ども達（1歳児）が「いつもありがとう」と感謝を伝える姿があるようで、とても嬉しく幸せな気持ちになると教えていただきました。「子育てを通してこんなに幸せに感じたことはない」と仰る言葉を聞いて、とても嬉しく幸せな気持ちをいただきました。

・お子さんと向き合う時間、いろんな話をする時間が多くなった、という方が増えました。「子どもと話をするとほめるところが見つかって楽しい」とある親御さんが仰っていました。

・うちには小学2年生と年長の姉妹がいて、よくケンカをしています。私が仲裁に入ることもありますが、ほめるようになってからは娘達が自分達で、何が嫌だったか、どうしてほしかったのか、「自分の思い」を相手に伝えることができるようになってきました。
相手の気持ちを理解した上で、受け入れることができるようになり、「ごめんね」「いいよ」が素直に言えるようになってきたと思います。

・娘は、小さい頃から園からほめ言葉をシャワーのように浴びています。
そんな娘は私が仕事に行く前に「今日も楽しんできてね」と言ってくれるんです。「頑張ってね」ではなく、「楽しんでね」です。そして「かわいい梅組さんの子達と楽しい1日を過ごしてね」と言ってくれます。

夫にも「パパ、今日も楽しんできてね」と言います。はじめのうちは「何が楽しいんだ、仕事で楽しいことなんかあらへん」と言っていたのが、今では「楽しんでくるね」と言うようになりました。ほめる言葉で、考え方も、動きも、何もかもが変わってきたように思います。

1章-6

「キラキラタイム」を家庭の習慣にしよう

日常には「キラキラ」がいっぱい

嬉しいこと、楽しいこと、挑戦してみたいこと……そんなものを見つけた子ども達の瞳はキラキラ輝いています。私は、子ども達にそんなキラキラをたくさん見つけてほしいと願っています。

園では、毎日、その日の帰りの集いで、楽しかったことを発表してほめ合う「キラキラタイム」という時間があります。

キラキラタイムで、ほめられた満足感を得ることができ、子ども達はますますイキイキするのです。

キラキラタイムでほめ合うことで、自信がつき、自己肯定感が高まるだけでなく、自分がしてもらった嬉しかったことを、周りの人にも広める優しい心が育っています。

・毎日のキラキラタイムで、自分の楽しかったことプラス、友達の良いところ、ステキなところを具体的に発表するようになりました。

「○○さんとおにごっこをしている時走るのがはやくて、かっこよかったです！」など、遊びの中で、自然に友達の良いところ探しができています！

・0～1歳クラスでも、毎日のキラキラタイムで「イイね！」とほめてもらえる喜びを感じ、より相手の話を聞こうとする姿勢が育っています。2歳クラスでは、自分がほめてもらえたことで、友達にも同じような場面があると「○○君も、服がたためてかっこいい！」と伝え合うなど、互いの良いところをみる関係が生まれています。

・園の5歳の男の子は家に帰り、弟の素敵なところを見つけ「○○してすごいねキラキラ～」と言っていたそうです。その後、「私(母)にもいつも頑張っていてすごいねのキラキラをもらいました」と保護者から話を聞き、子どもから家庭へほめ育が浸透しているんだなと感じました。

家庭でも「キラキラタイム」をやってみよう

キラキラタイムでほめてもらった園児はとても嬉しそうな、誇らしげな顔をしています。

在園児のご家庭では、お子さんが「かっこいいね、キラキラ〜！」とおうちの人をほめることが多いと聞きます。

あなたのお家でも、夕食の時など、ご家庭でもキラキラタイムを設けてみてはどうですか。

週に1度、月に1度でもいいので、ぜひあなたのご家庭でもやってみてください。

キラキラタイムのやり方

大人も子どもも、ひとりずつ、その日にがんばったこと、楽しかったこと、嬉しかったことなどを話します（まだお話しできない子どもは誰か大人が代弁してあげましょう）。

聞いている人は「よかったね！」「嬉しいね」「すごいね」「ありがとう」などプラスの言葉や、「いいね！」のサイン、ニコニコ笑顔で受け止めます。

園でしているように、みんなで「かっこいいね、キラキラ〜！」と、ほめ合うのも素敵です。

1章-7

「ほめ育」の教え

私たちの園の「ほめる保育」は一般財団法人「ほめ育財団」の「ほめ育」をベースにしています。「ほめ育」は子どもをただほめるだけではなく、ほめて子どもの才能を伸ばすというものです。

次にご紹介する「ほめ育」の5つのポイントと10箇条には、ほめる子育てを実践する際に役立つエッセンスが詰まっています。

ほめ育5つのポイント

1. 親が子どものファンになる

子どもを可愛いとは思っていても、子どもの表情や仕草、行動をじっくりと見ていない親は少なくありません。

熱心なファンがアイドルを見つめるように、親が子どものファンになって子どもを見つめてみませんか。

何が好きか、何に興味を持っているかなど、案外見えていない部分は多いものです。

子どもの存在を全面的に肯定して、見守る。それがほめ育の第一歩です。

2．子どもの無限の可能性を信じる

子どもは、無限の可能性を秘めています。それは「信じる」のではなく、「ある」と当たり前のように認めることが重要です。

うちの子に何か才能があるのかしら、と疑ったり、まだわからない、とするのではなく子どもには無限の可能性が生まれながらにしてすでにあることを、親御さんは確信してください。

3．愛情をあふれさせてあげる

親子と言えども、気持ちは言葉にしなければ伝わりません。

愛情があるだけでは、子どもは「愛されている」と感じることができません。

あふれるほどの愛情は言葉にして伝え、子ども自身が常に自分は愛されていると感じられるようにしてあげることが大切です。

4. いつでも味方、安全地帯を作る

子どもの失敗は貴重な経験であり、成長の過程です。

子どもが何か失敗をしたとき、親は子どもの失敗を許し、味方であり続けましょう。そうすれば、子どもは「自分は何をやっても大丈夫だ」と安心できます。

親が心理的な安全地帯を作ってあげることにより、子どもはより自由に、自分らしく成長していくことができます。

5. 自己肯定感を育む

子どもを伸ばすのに大切なのは、子ども自身が「自分には可能性がある」「自分はできる」と感じ、自己肯定感を育んでいくことです。

私たち親ができるのは、子ども自身の力を信じ続け、環境を整えることです。

ほめ育10箇条

詳しくは「社会福祉法人　千早赤阪福祉会」のホームページをご参照ください。
https://ge-n-ki.com

1　子どもをよく知ることが「ほめ育」の第一歩

2　主語を「私」から「子ども」に変えて考えれば、もっと共感できる

3　「好結果」ではなく、そこに至る「過程」もほめよう

4　「お世辞」と「ほめ言葉」は別物と心得よう

5　探すのは「ありがとう」「すごいね」の成長

6　「恥ずかしい！」なんて言わないで！思いが届くまで何度でもほめよう

7　ほめることで、居場所（戻れる場所）を作ってあげよう

8　愛情があれば「叱る」だって「ほめる」になる

9　「ほめる」の反対語は「叱る」ではなく「比べる」

10　基準を決めて、感情に流されずにほめよう

LET'S PLAY!
HOME - IKU

2章

こんな時、どうほめる？

子どもがぐんぐん伸びるほめ方

2章-1

ほめ方の基本姿勢
―タイプ別でどうほめる？―

子どもには「タイプ」がある

　ここからは具体的に、その子に合った「ほめ方」を見ていきます。どんなふうにほめたら効果的なのかは、その人によって違います。ほめたつもりでも、その子に合った方法でないと「何でほめられたのか分からない」という認識になってしまう可能性も。子どもたちにとって重要なのは「ほめられた」という実感。それには、その子のタイプに合ったほめ方をすることが重要です。

　例えば、「すごいね」の一言でほめる気持ちが伝わる子もいれば、細かく「どこがすごいのか」を伝えないとほめられていると実感できない子もいます。このように、ひとりひとり違った個性があるのですから、一番伝わりやすいほめ言葉も違います。

私が所属している、一般財団法人ほめ育財団の代表理事、原邦雄先生が提唱している「ほめ育」をベースに、幼児活動研究会の八田哲夫先生が子どもを3つのタイプにわけています。

私も長年保育に携わって、この分類がもっともわかりやすく現実に即していると考えているので今回はこのタイプに沿って、ほめ方を子どものタイプ別にわけて示していこうと思います。

3つのタイプとその特徴は次のとおりです。

「いつでもほめてタイプ」……いつでも見守られたい、みんなに好かれたいという気持ちが強い、共感志向の外交官タイプ。

「よく見てほめてタイプ」……しっかりと理解されたい、自分の段取りにこだわる、研究熱心で独立心旺盛な職人タイプ。

「とりあえずほめてタイプ」……アクティブに自己表現をしたい、好奇心や楽しい気分が原動力のアーティストタイプ。

では次のページで、それぞれのタイプを診断していきます。そのタイプに沿って、具体的なほめ方を見ていきましょう。

＼あなたは／　＼子どもは／

どのタイプ？

ほめタイプ診断シート

次からはタイプ別にほめ方のコツを示していきます。

その前に、ほめタイプ診断で子どものタイプを診断してみましょう。この診断を活用することで、子どもが今どのタイプなのかわかるはずです。それと同時に、自分の診断もしてみてください。子どもと自分のタイプが「違う」「同じ」がわかるだけで、寄り添い方が変わっているかと思います。「違う」とわかれば、理解をしようとするし、「同じ」とわかれば自分が言われて嬉しい言葉を子どもにも言ってあげればいいのです。

3つのタイプ診断

自分や子どもに「あてはまる」と思うものに
チェックしていきましょう

「いつでもほめてタイプ」

CHECK

- □ どちらかというと甘えん坊
- □ ママやパパと「一緒」が好き
- □ ちょっぴり怖がり
- □ さみしがりなところがある
- □ 優しい子

「よく見てほめてタイプ」

CHECK

- □ 自分の段取りにこだわる
- □ 競争に勝つのが好き
- □ ちょっと理屈っぽいかも
- □ くやしがりなところがある
- □ 頑張る子

「とりあえずほめてタイプ」

CHECK

- □ とにかくノリがいい！
- □ 気持ちを全身で表現する
- □ 興味がコロコロ移り変わる
- □ ふざけすぎなところがある
- □ ゆかいな子

タイプ別のほめ方のコツ

「いつでもほめてタイプ」は「共感」を意識してほめて見守られていると安心する「いつでもほめてタイプ」は、双方向のコミュニケーションが十分にできる状態でほめてあげましょう。「いいね」「うれしいな」「大好き」など、ほめる人の感情をこめた言葉を入れて。愛情をこめてぎゅっと抱きしめられるのも大好きです。

「よく見てほめてタイプ」は「理解」したうえでほめて

「よく見てほめてタイプ」の子は単に「すごいね」「上手だね」と言われても、上辺だけほめていると思ってしまいます。「この色を出すのに苦労したでしょう」「指の付き方がかっこいい」など、ディティールや過程をほめると「わかってもらえた」と納得して喜びます。

「とりあえずほめてタイプ」は「一瞬」で伝わるようほめて

「とりあえずほめてタイプ」は、ほめる理由を長々と説明しても、右から左に聞き流してしまいます。端的に「かっこいい」「すごい」「すてき」「さすが」といった短い単語でズバッとほめるのが響きます。パチパチと手を叩いたりハイタッチをするのもおすすめです。

自分に似たタイプはほめやすい

それぞれのタイプの特徴は、日常生活のあちこちに表れます。

例えば、親子で一緒にミカンを食べるというシーン。

「いつでもほめてタイプ」のお子さんは「ママ、皮むいて～」と甘えてきがち。そこを自分でやりなさいと言うとすねてしまいます。このタイプは、いったん子どもの言うとおりに。むいてあげて「おいしいね」と一緒に食べているうちに、「ママもどうぞ」など相手を思いやる行動が見えることが多いです。ミカンを介したコミュニケーションを楽しみましょう。

「よく見てほめてタイプ」のお子さんは「自分でむく！」と自分でやりたがることが多いです。そんなとき、大人が親切心でも手を出してしまうと「もういらない！」とヘソを曲げてしまいます。どんなに上手にできていなくても、一度は自分でやらせて様子を見ることが重要です。

「とりあえずほめてタイプ」のお子さんは「パクッ」「おいしいね！」とミカンを楽しむと、

すぐに次の遊びに興味を移してしまいます。その場合も、「まだミカンを食べている最中でしょ！」と怒るのではなく、そういうタイプだと受け入れるだけで、親御さんの心の持ちようが少し変化するのではないでしょうか。


また、同時に親御さんたちにも当然タイプがあります。

もし子どもが自分と同じタイプであれば、気持ちが理解しやすいでしょう。違うタイプの場合、もしかしたら気持ちが分かりにくいと感じることもあるかもしれません。

そんなとき大切なのは、お子さんに、自分の伝えたい意図が伝わっているのか、お子さんを観察しながら会話をすること。もし伝わっていないようなら、言葉や伝え方を変えましょう。

3つのタイプはまったく違うように見えますが、だれもが全ての要素を持っています。発達段階やその時の立場、環境などで特定のタイプが強く出ます。

「1歳の時はいつでもほめてタイプだったけど、3歳の今はとりあえずほめてタイプになった」とか「家ではいつでもほめてタイプだけど、園ではよく見てほめてタイプが強く出ている」など、1つのタイプに固執せず、柔軟に考えてください。

どんなにたくさんほめても、いい言葉を発しても、それが一方通行では意味がありません。意図が伝わるよう、いろいろなほめ方を試してみてください。うなずき、ハンドサイン、表情、ハグなど、言葉以外のコミュニケーションにも、十分効果があります。

子どもは成長によりタイプが変化することが多いので親御さんには、ぜひ言葉かけのバリエーションはたくさん持っていてほしいと思います。

次のページからは、園の保育士たちにも協力してもらって、場面ごとの様々な言葉かけのアイデアを考えました。家でもよくあるシーンだと思うので、ぜひ、今日から意識的にこの「ほめ方」を取り入れてみてください。子どもたちの反応、積極性が変化するかと思います。

ケース
1

あなたは、どうほめる!?シミュレーション

洋服を着ることができた!?

よいしょ…
よいしょ…
てて〜
ひとりで服を着ようとがんばってる!
ぱぁぁぁぁ
みて〜!できた!
わ〜!ひとりで着れたの!
良い顔〜♡
ドヤァ
ボタンズレてるけど…

はじめて自分で服を着ることができたお子さんに、あなたはどんな言葉をかけますか?

ほめポイント

「あたりまえ」をほめてあげよう

洋服を着る、というのは大人にとってはあたりまえすぎて、ほめる必要なんかないと考える人もいるでしょう。でも、自立したい、という気持ちが強くなる2～3歳くらいのお子さんにとって、自分で洋服が着られた、というのはとても嬉しいことです。たとえボタンがズレていても、服の前後が逆でも、自分で挑戦したのは素晴らしいこと。たくさんほめて意欲を伸ばしてあげてください。

日本一ほめる園の言葉がけアドバイス

みんなに伝わるほめ方

「ぜんぶ自分でできた、すごいね！」

「上手に着れたね！　次はズボンを1人でやってみる？」

「すごーい！　お父さんにもできたよって言おう（ハイタッチ）」


かっこいい、すごい、という言葉はどんなタイプの子にも嬉しいほめ言葉。「次は●◎しよう」と新たな目標を提示してやる気を伸ばすのもおすすめです。

「いつでもほめてタイプ」には

「できたね！　嬉しいね。

お母さんも嬉しいよ！」


共感が嬉しい、いつでもほめてタイプのお子さんは、嬉しい気持ちに共感する声かけをしてあげると、ニコニコ笑顔になり、やる気になってくれます。

「よく見てほめてタイプ」には

「腕が通せたね！

毎日がんばったもんね！」


自分の努力に気付いてほしいよく見てほめてタイプのお子さんには「毎日がんばっている」など事実をベースにした声かけでよく見ていることを伝えましょう。

「とりあえずほめてタイプ」には

「すごーい！

自分で着れたね！　やった！」


とりあえずほめてタイプのお子さんに対しては、じっくりと長くほめるより「すごい」「やった」と嬉しい気持ちを盛り上げるとやる気がアップします。

ケース
2

あなたは、どうほめる!?シミュレーション

トイレが上手にできた

ひとりでトイレができたお子さんに、あなたはどんな言葉をかけますか？

ほめポイント

「できた！」の喜びに共感した声かけをしよう

親御さんにとっても、子どもにとっても、トイレトレーニングは大きなイベントです。トイレでの排泄は子どもの心と体の準備が整ってはじめて可能になるものです。トイレで成功したら、子どもの努力を認め、成長を大いに喜びましょう。一度成功しても後戻りをすることがあります。たとえ数週間、数カ月間、おむつの期間が延びても問題ありません。焦らずに対応してくださいね。

日本一ほめる園の言葉がけアドバイス

みんなに伝わるほめ方

「トイレで成功！やったね！」
「おしっこが出たね。気持ちいいね！」

子どもが「次もトイレでしよう」と思う動機づけになるよう、成功を一緒に喜ぶことが大切です。さらに「トイレでする＝スッキリして気持ちがいい」という感覚を言語化してあげましょう。

「いつでもほめてタイプ」には

「上手にできたね。
パパにも聞いてもらおうね！」

嬉しい気持ちを共有してほめてあげましょう。もしトイレを怖がるようだったら、できればお父さんお母さんが手をつないであげると安心できます。

「よく見てほめてタイプ」には

「トイレひとりでできたね！
いつもチャンレンジしてたから
上手にできたんだね」

「自分の力でできた」という手応えがほしい「よく見てほめてタイプ」のお子さんには「自分で」「ひとりで」を強調した声かけ、また、成長を感じる言葉を使うと、もっと自分でやろうと意欲的になってくれます。

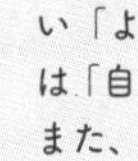

「とりあえずほめてタイプ」には

「トイレでできた！かっこいい！」
「気持ちいいね！すごーい！」
「うわ〜！嬉しいね！今日はごちそうだ！」

トイレで成功したことをしっかりと認識できるよう少しオーバーにほめるくらいがいいでしょう。気持ちがおむつからトイレに切り替えられるよう後押しをします。

ケース
3

あなたは、どうほめる!?シミュレーション

お友達におもちゃを貸すことができた

おもちゃをお友達に貸してあげたお子さんに、あなたはどんな言葉をかけますか？

ほめポイント

人に親切にすることの喜びを教えよう

集団生活や公園での遊びで発生する「かして」「どうぞ」のやりとり。おもちゃなどものを渡したり、渡されたりすることで、人との関わり方を学んでいきます。3歳くらいまでは、まだ先の見通しを立てるのが難しいため、貸すのが難しいでしょう。おもちゃを貸すと一緒に遊べる、相手が喜ぶと自分も嬉しくなる、ということが理解できると、自分から貸してあげられるようになります。

日本一ほめる園の言葉がけアドバイス

みんなに伝わるほめ方

「貸してあげられて優しいね。ありがとう」
「『どうぞ』ができたね。お友達喜んでいるよ。ありがとう」

貸してあげた、という事実をほめるだけでなく、お友達が喜んでいることにフォーカスした言葉をかけると、自分の行動しだいで人を喜ばせることもできることがわかり、自己肯定感につながります。

「いつでもほめてタイプ」には

「一緒に遊べて楽しいね」
「貸してあげるの？ありがとう！お友達喜んでるね！ママも嬉しいな」

いつでもほめてタイプのお子さんには「一緒に遊べる」「自分以外の人も嬉しい気持ちになる」という点を強調してほめるのが効果的です。

「よく見てほめてタイプ」には

「貸してあげてありがとう！ありがとうって言われると嬉しいよね！」

貸したことでどんないいことがあったのかをハッキリ言語化してあげると、よく見てほめてタイプのお子さんには、ほめる気持ちがより伝わります。

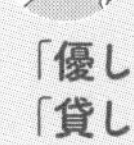

「とりあえずほめてタイプ」には

「優しいね！素敵だね！」
「貸してあげたの？ありがとう！」

とりあえずほめてタイプのお子さんには、貸してあげるという行動でどんないいことがあったのかを、スパッと短い言葉で伝えてあげましょう。

ケース
4

あなたは、どうほめる!?シミュレーション

お友達やきょうだいに順番をゆずることができた

順番をゆずることができたお子さんに、あなたはどんな言葉をかけますか？

ほめポイント

我慢できたことをほめてあげよう

3歳以降になると、多くの子は先の見通しが立てられるようになります。「もうすぐ自分の順番が来る」と予想できるため、「ゆずる」「ゆずられる」のやり取りができるようになります。ゆずるのはいいことですが、「ほめられるから」「相手の子が怖いから」などの理由でゆずり続けると自己肯定感が下がってしまいます。子ども自身の意志でゆずっているかどうかは気をつけて見ていきましょう。

日本一ほめる園の言葉がけアドバイス

みんなに伝わるほめ方

「ゆずってあげられたね、優しいね、ありがとう」
「『どうぞ』してくれて、ありがとう」

お友達やきょうだいに「ゆずる」という行為には多少の我慢がつきものです。ゆずることができたときには、「いいことをした」という実感がもてるようしっかりほめてあげましょう。

「いつでもほめてタイプ」には

「『どうぞ』してくれたの？○○○ちゃん、喜んでるね」
「ゆずってあげたんだね。優しいね。ママも嬉しいな」

ストレートな言葉で、よかった行動を伝え、相手や親御さん自身が喜んでいることを伝えましょう。言葉だけでなくぎゅっとハグしてあげるのも「ほめ効果」バツグンです。

「よく見てほめてタイプ」には

「先にいきたい気持ちをぐっとこらえて、ゆずることができたね！」

我慢した自分の気持ちを理解してもらえている、とわかると安心します。ゆずられた子の嬉しそうな反応を言語化して伝えてあげると「ゆずってよかった」と思えます。

「とりあえずほめてタイプ」には

「ゆずってあげるなんて、ステキ〜！」
「わあ！優しいね！ありがとう！」

「すごい」「わあ！」など、オーバーなくらいに感情をこめて、短い言葉でほめるとよりほめ言葉が伝わります。

ケース
5

あなたは、どうほめる!?シミュレーション

「おもちゃがほしい」欲求を我慢できた

ほしいおもちゃが我慢できたとき、あなたはどんな言葉をかけますか？

ほめポイント

「ほしい」には「共感して」の意味がある

お店でおもちゃやお菓子など「ほしい」とお子さんが言いだしたら、それは「共感」を求めているサインです。「買いません」と即答すると、否定された気持ちになり、ますます固執してしまいます。買うつもりがなくても、まず「ほしい気持ち」に共感し、どこが好きなのか聞くのがおすすめです。買わない場合「じゃあ誕生日に」などと話し、分かってくれたら大いにほめてあげましょう。

日本一ほめる園の言葉がけアドバイス

みんなに伝わるほめ方

「いいのを見つけたね。高いものだからお誕生日に買おうね」
「我慢してくれて、ありがとう」

お誕生日など特別な日に買ってもらえる、などの見通しがあれば子どもも我慢できます。必ず約束は守りましょう。「ほしい」は「我慢」の経験を積ませるチャンスです。

「いつでもほめてタイプ」には

「あれが欲しいんだね。でも我慢できてえらい！」
「ママもあれが好きだな。今度◎◎のとき、買おうね」

ほしい気持ちに共感し、我慢できたことをほめます。同じものを好きと共感してもらうと嬉しくなります。

「よく見てほめてタイプ」には

「いいものを見つけたね、どんなふうに使うのかな？」
「今度◎◎のとき買おう。それまで楽しみにしていようね」

今ではなく将来に楽しみが待っている、ということを言語化して伝えます。本人が忘れていても約束は守りましょう。

「とりあえずほめてタイプ」には

「いいね！　どこが好きなの？」
「◎◎のとき買おう。楽しみだね！」

直感的な、とりあえずほめてタイプのお子さんに対しては、「どこが好きなの？」と質問を投げかけることで、説明力や思考力を鍛えることができます。

ケース
6

あなたは、どうほめる!?シミュレーション

発表会で上手に発表することができた

発表会で活躍したお子さんに、あなたはどんな言葉をかけますか?

ほめポイント

成功したときほど努力をほめよう

「晴れの舞台」でお子さんが成功したとき、つい成功したことをほめたくなります。でも、ちょっと待ってください。結果だけをほめると「成功したからほめられた＝失敗したらほめられない」と誤った学習をしてしまい、失敗しそうな難しいことに挑戦しにくい子になってしまいます。成功したときほど、その裏にある「努力」に目を向けてほめてあげてください。意欲的に頑張る子に育ちます。

日本一ほめる園の言葉がけアドバイス

みんなに伝わるほめ方

「がんばったね」
「たくさん練習した成果が出せたね」

成功は努力の結果です。結果だけでなくそこに至るまでのお子さんの努力をほめることで、普段から愛情を持って見ていることも伝わります。

「いつでもほめてタイプ」には

「練習の成果が出たね、素敵だったよ」
「見ていてお母さんも嬉しかったよ」

お子さんのがんばりに共感してほめます。いつでも愛情深く見守っていたことが伝わるようにほめるのがおすすめです。

「よく見てほめてタイプ」には

「◎◎の場面が△△で、
すごくかっこよかったよ」
「誰よりも大きく口を開けて歌っていたね」

ただほめるのではなく、どこがどうよかったのか、具体的によかった場面を伝えてほめるのがこのタイプは必須。ピンポイントで子どもの努力をほめます。

「とりあえずほめてタイプ」には

「すごかった！　がんばったもんね！」
「素敵だった！」「感動したよ！」

子どもが親元に戻ってきたタイミングですぐに短い言葉で感動を伝えます。発表会が終わったあと、本人の熱が冷めないうちに、できるだけ早く伝えましょう。

ケース 7

あなたは、どうほめる!? シミュレーション

園で作った「作品」を持ち帰ってきた

園で作った「作品」を見せるお子さんに、あなたはどんな言葉をかけますか？

ほめポイント

「作品」はぜひ飾ってほめよう

園で制作したお子さんの作品。上手か下手かを考えるとほめるのが難しくなります。それより、お子さんが創作を楽しんだり、さまざまに工夫をこらして、成長していることに目を向けてほめましょう。持ち帰った作品は、できるだけ家族みんなが見るような場所に飾ってあげるのがおすすめです。飾ってある作品を見る度に、子どもはほめられ、認められた気持ちになれます。

日本一ほめる園の言葉がけアドバイス

みんなに伝わるほめ方

「素敵な作品ができたね！」

「大好きな○○色を使ったんだね」

「早速飾って、みんなに見てもらおう！」


完成したものをほめるのに加えてどんな気持ちで作ったのか、創作活動が面白かったのかを聞いて、思いを共有しましょう。また、部屋に飾るのも、子どもの自己肯定感が上がるポイントです。

「いつでもほめてタイプ」には

「保育園で作ったの？楽しかった？」

「ママ、この形好きだな」


作品をほめるときに「上手」「うまい」などの評価を表す言葉だけでなく「好き」「気に入った」などの言葉も使ってみましょう。

「よく見てほめてタイプ」には

「すごく素敵にできてるね！

どうやって作ったの？」

「ここはむずかしくなかった？

どんな工夫をしたの？」


作品にこだわる、よく見てほめてタイプは、まず子どもの解説を聞いて、がんばった部分、工夫した部分をほめます。

「とりあえずほめてタイプ」には

「わぁすごーい！上手！」

「これは面白いアイディアだね！」

「ステキなのができたね！」「芸術的！」


短い言葉でしっかりと伝わるようにほめます。自分の作品が喜んでもらえたことがわかると嬉しくなります。

ケース
8

あなたは、どうほめる!?シミュレーション

手洗いなど「するべきこと」を自発的にできるようになった

ガチャッ
ただいま!
おかえり～!
きちん…
ガラ
ガラ
何も言わずとも
帰宅ルーティーンが
完璧・・・
うちの子
天才!!!
どうしよう
早期教育とか
留学とかお受験とか
考えなきゃ!
日本の未来を背負う人に育つから!
い、いったん
落ち着こうか・・・

言わなくても自分でできたお子さんに、あなたはどんな言葉をかけますか?

ほめポイント

「できる」をあたりまえと思わずほめよう

子どもはいくらほめてもほめすぎることはありません。ほめられる機会をできるだけたくさん作ってあげましょう。帰宅後の手洗いやうがい、夜の歯磨きなど大人にとってはあたりまえのことでも、生まれて数年しか経たない子どもが自発的にできるのは、すごいことです。ぜひたくさんほめてあげましょう。ついでに「次は～ができるかな？」と次の目標を伝えると張り切ってくれるでしょう。

日本一ほめる園の言葉がけアドバイス

みんなに伝わるほめ方

「○○が手を洗っているから、
パパも気づいてできてるね！」
「すごいねぇ！よく気がついたね！」

その行動をほめるだけでなく、それが周囲の人にもいい影響を及ぼしていることを伝えると、より深いほめ言葉になります。

「いつでもほめてタイプ」には

「すごいね！お外から帰って来たら、
手洗いうがいするのを覚えてたの？」
「自分から進んでやってくれて
ありがとう！」

ほめるのと同時に感謝を伝えます。「ありがとう」と大好きな親御さんから言われることで、自己肯定感が高まります。

「よく見てほめてタイプ」には

「帰ったら手を洗うこと、ちゃんと
自分からできたんだね。すごい！」
「爪の間も石けんで
ていねいに洗っているね！」

ほめる際に「どんな行動についてほめているか」を言葉にして具体的に説明することで、どんな行動を増やしてほしいかを伝えることになります。

「とりあえずほめてタイプ」には

「手を洗ってるの？すごい！」
「かっこいい！みんなのお手本だね」
「ママが言わなくても
できるようになったの？すごーい！」

短い言葉でたくさんほめることで「これはいい行動なんだ」と認識できます。肯定する言葉をたくさんかけてあげましょう。

ケース
9

あなたは、どうほめる!?シミュレーション

小さい子に優しくすることができた

小さい子に優しくできたお子さんに、あなたはどんな言葉をかけますか？

ほめポイント

やさしい気持ちや行動をほめよう

弟や妹、親戚、近所の子など、自分より小さい子がいるときに「お兄ちゃん・お姉ちゃん」とほめられると、子どもは普段よりも張り切ってくれます。ただし「お兄ちゃん・お姉ちゃん」の使いすぎには要注意。親も本人も「お兄ちゃんだから・お姉ちゃんだから」と我慢することがあたりまえになってしまう恐れがあります。その子の立場は変えられないので、行動をほめるようにしましょう。

日本一ほめる園の言葉がけアドバイス

みんなに伝わるほめ方

「優しさいっぱい、素敵だね！」
「小さい子達を守ってくれたんだね！」
「小さい子達、みんな喜んでいるよ、ありがとう」

好ましい行動をほめられると、さらにその行動をくり返して行うようになります。よかったところをきちんと言葉で伝えてほめるようにしましょう。

「いつでもほめてタイプ」には

「小さい子も楽しそうで良かったね。ありがとう」
「優しい◎◎◎ちゃんを見れて、ママは嬉しい！」

感情をこめて優しくほめます。ほめている人と気持ちがつながったことが実感できると嬉しいので、ぎゅっとハグするのもおすすめです。

「よく見てほめてタイプ」には

「お散歩の時、小さい子と手をつないでくれたね、素敵だったよ」

漠然とほめられるよりも、どの行為がほめられているのかがハッキリ分かるほうがほめられているという実感が持てます。

「とりあえずほめてタイプ」には

「さすがだね！」「かっこいいね！」
「優しくしてあげられてすごいね、ありがとう」

できるだけ短い言葉でほめます。言葉で伝わらない部分は身振り手振りや表情をつけて、オーバーなくらいのほうが喜びます。

2章-2

「ほめるタイミング」を見極める

「ほめるタイミング」にうまくほめる

何でもない時にもほめることは、子どもにとってプラスになります。さらに、ここぞというタイミングにしっかりほめると、ほめ言葉がより子どもの心に入っていきます。

例えばある先生は、子どもが苦手なことに取り組んで頑張ったときにほめているそうです。

園ではスイミングに取り組んでいます。

顔つけが苦手で、前回、一瞬だけ水に顔をつけることができた子がいました。「今日は何秒にする？」と聞いたら、「2秒」と自分から目標を立てていたので、積極的な気持ちになっているなとわかりました。

でも、やってみたら1秒で顔を上げてしまった。そこで「今日の目標は何秒だっけ？」と声をかけて、もう1回やってみたら達成できたんです。

その瞬間にもほめたし、キラキラタイムでみんなの前でも発表してほめました。

苦手なことに取り組んでひと皮むけたときなど「今日ほめたらこの子は絶対伸びる」というタイミングは必ず意識しています。ほめることで、その子の自信につながります

その子が今何をしているのかを見る

ほめるタイミングを知るには、その子が今何をしているのかを見ることが大切です。

親御さんの多くは、「自分は子どもを見ている」と思っていますが、意外と同じ室内にいて見ているつもりでも、違うことを考え、見えていない、見ようとしていないことも多くあります。ずっと子どもを見るということは大変ですが、ここぞというときはしっかりプロセスを見てあげることが重要です。


例えば、遊んでいた子どもが「見て、こんなのを作ったよ」と見せに来たとき、できたものだけをチラッと見て「じょうずにできたね」と、さらっと終わる親と、「このブロックのこの積み方が難しいのに、うまいこと、工夫して作ったね」とほめる親もいます。

どちらのほめ方が、子どもに伝わるでしょうか。当然、どんなふうに遊んでいたか遊んでいるところから観察してほめた、後者ですよね。

よく見る、というのは結果を確認することではありません。今のその子が何をしているのかを見ることです。

「見て！」はほめサイン

子どもをいつほめていいのか、ほめるタイミングを教えてくれる便利な言葉があります。

それが「見て！」です。

「見て！」と言うとき「自分のしたことをほめるタイミングだよ」と教えてくれています。

「見てて！」と言うときは「自分の挑戦を見守って、ほめてほしい」と願っています。

「見てた？」と言うときは「自分の活躍をほめるチャンスだよ！」とほめ言葉を誘っています。

「見て！」という時の子どもの表情を見ると、じつに嬉しそうでいきいきとしています。

「見て！」は「ほめて」のサインです。

ほめ言葉がしっかり子どもの心に入るタイミングですから、逃さずにしっかりほめてあげてくださいね。

跳び箱や鉄棒の逆上がり、卒園までに800冊の読書を目標にしている本読みプロジェクトなど、園では子ども達と様々なことに挑戦しています。

子どもって目標があるとそれに向かって頑張ります。運動も毎日練習するんです。目標を達成した人には「チャレンジ賞」を表彰して渡し、玄関で1週間掲示します。

その子にもよりますが、多くの子が途中で「見て、こんなにできるようになったよ」って言ってくるので「すごいじゃない、こんなにできるようになったの。きっとチャレンジ賞がもらえるね」と声をかけています。

ムギュ
おもちゃ

LET'S PLAY!
HOME - IKU

3章

大切なのは「ほめ」「叱る」のバランス

3章-1

「ほめる＝叱らない」ではない

「ほめる＝叱らない」ではない

たくさんほめて育てるというと、「じゃあ叱らないの？」と勘違いされる方がいますが、ほめる育児は叱らないこととイコールではありません。

お友達を叩いたり、ものを壊したりしたときに「それが子どものやりたいことだから」と黙って見ているのは、やはりよくありません。ほめることをベースに、必要なときには「愛をもって叱る」ことも大切です。

「叱る」ことは実は「考える力」を伸ばすタイミング

叱る基準として「人に迷惑をかけてはいけない」「社会のルールを守らなければならない」という価値観があり、それに沿わなければ叱る、という考え方があります。

大人の指示、大人の都合や価値観に子どもを従わせる、いわゆる「しつけ」です。大人も社会の規範に従って叱ればよいので、ある意味楽なのかもしれません。

しかし、そういった「しつけ」は昭和型。お子さんの「考える力」はそれでは伸びないと現在では言われています。

たとえば、公共の施設で、お子さんが走り回ってしまったとき、昭和型のしつけでは、親は「みんなの迷惑になるから、やめなさい」「静かにしなさい」と注意したり叱ったりしていました。子どもは聞きわけて、（あるいは叱られるのがイヤで）大人しくなり、それを「いい子」と呼んでいました。

大人のいうことを聞く「いい子」は、実は「都合のいい子」に過ぎないのです。しかも、昭和型の「いい子」は言われたとおりにただ従うだけ。そこに「考える」というプロセスが省かれているので、その力は育ちません。

変化の激しいこれからの時代を生き残るためには「自分で考える力」が必須なのに、「いい子」

と呼ばれやすい子ほど「自分で考える」ことを経験をしていない傾向にありました。

これでは、これからの時代に生き残ることは難しいかもしれません。


「自分で考える力」を育てるにはお子さん自身に考えさせることが大切です。

もし、お子さんが公共の場で走り回り始めたら、ひと呼吸置いて「周りの人がうるさく思っているかもしれないよ。迷惑をかけないためにはどうしたらいいのかな？」と問いかけ、子ども自身に自分の行動を考えさせることをおすすめします。


そもそも子ども自身は、もともといろいろ考えているのです。

一見、よくない行動をとっているように見えても、何が良くて何が悪いのか、行動することで探り、みずから成長しようとしているのかもしれません。


肉体的にはお子さんはまだ成長途中です。でも、精神的には大人と子どもの差はありません。

時に、子どものほうが本質を見抜いている時もあります。

子どもの可能性を伸ばすには、子どもを、判断力を備えた「ひとりの人間」として尊重することが必要だと私は考えています。

3章-2

愛を持って叱れば、生きる力が育つ

それは愛か、愛情か

子どもには「いい点数を取ってほしい」「もっと優秀であってほしい」と多くの親御さん達は望んでしまいがちです。自分の子どもに期待したり望んだりすること自体は悪いことではありませんが、親側の勝手な願い、親自身のエゴであることは自覚しないと、子どもに対して理不尽に押しつけになってしまう可能性があることを忘れてはいけません。

なかには愛情があるからきつく叱るんだ、と愛情を免罪符のように使う人がいます。

しかし、「愛」と「愛情」は違います。

愛はすべてを受け入れる、無条件のもの。

愛情は「愛」だけでなく「情」。つまり、自分の感情が入ります。

愛情は、愛ではないのです。

子どもに対するとき、それがエゴが入った愛情なのか、無償の愛なのかは、私たち大人は意識しておかなければなりません。

愛を持って叱る

「叱る」とは、子どもを、思い通りに動かすために指示や命令することではありません。子どもが社会で生きるうえで大切な指針を示すことです。ですから、何に対して叱るか、どう叱るかに親御さんの生き方や価値観が表れます。

子どもに対する（愛情ではなく）無償の「愛」がベースにあれば、叱る、注意するときも子どもを思った言葉になるはずです。

つまり、子どものすべてをほめることは、愛ではありません。

いいことはほめ、悪いことに対してはしっかり「それはよくないよ」と愛を持って教えることが子どもの「生きる力」を育むのです。

それ、本当に叱らなければならないこと？

お子さんを叱るとき、なぜ叱るのか、を考えず「世間でそう言われているから」「みんながそうと考えているから」「前からそういうものだから」となっていないでしょうか。

叱る前に「なぜ叱るのか」根本に戻って考えることが必要です。

子どもの頃、学校で「給食を残さず食べよう」と厳しく叱られた経験のある方もいるのではないでしょうか。

給食を残さず食べる、というのは、はじめは、料理してくれた人、お米を買うために働いてくれた人に感謝し、農家の方々が作ったお米を大事にしよう、自然の恵みに感謝しよう、という感謝にあふれた行為だったはずです。

しかし、体格も発達段階も違うのですから、食べられる量は違います。だから、感謝して、食べられる分だけ食べればいい、というのが本来の趣旨に沿った行動なのではないでしょうか。

それなのに時が経つと、なんのためにルールを設けたのかが忘れられて「給食を米粒ひとつ残さず食べなきゃいけない」「食べ終わるまで昼休みなし」などルールの形だけが残って厳しい指導として残っているケースが往々にしてあります。「感謝」の気持ちは置いてけぼりになり、「残さない」ことばかりに目が行ってしまうケースです。

これではおいしく楽しいはずの給食の時間が苦痛になってしまいます。感謝をするどころか、嫌で仕方がないというお子さんがいても無理はありません。このような、本来の趣旨と逆効果の結果をもたらす指導はすぐにやめるべきでしょう。その代わりに、もし、食べられなかったときは、捨てられてしまう食べ物のことを教え、次回から食べられる分だけよそう、おやつを食べすぎないようにする、などの対策を子どもと一緒に考えればいいのです。

同じように、私たち大人は、叱る必要のないときに、「ルールだから」という理由で叱ってしまうことがあります。

そんな自分に気づくために大切なことは、物事の根本を見る姿勢です。反射的に叱る前に「そもそも、どうしてそう言われているんだっけ？」と根本に戻って考えてみましょう。

「困った行動」こそが才能の原石

「この子、虫ばっかり触ってるんですよ」など、似たような悩みで困っている親御さんは多くいます。でも、その虫好きをずっと突き詰めていったら、将来は虫を研究する博士になるかもしれません。もしかしたら、益虫を研究して人類の食糧不足を救う可能性だってあるでしょう。

小学生が「勉強しないでゲームばかりしている」というのも捉え方次第です。ただのゲームと捉えたら遊びですが、「ゲームの勉強」と捉えたら勉強になるものです。ゲームを突き詰めていけば、Eスポーツでのプロになる可能性（オリンピックに出る可能性も！）やゲームを作る仕事につく可能性があります。将来何がどんなふうに役立ち、それが仕事になるかはわからないのです。「仕事はしんどい」「やりたくないこと」と、親が思い込んでいると、子どもが楽しみながら可能性を伸ばす足を引っ張ってしまいます。まずは親が考え方の枠を外して、子どもが夢中になっていることを応援してあげてほしいと思います。

自分が興味を持ったことには集中するけれど、大人の言うことをまったく聞かない、そんな子も多くいます。好きなことばかりしていて、やらなければならないことは後まわし……。

これらは、大人にとっては「困った行動」です。でも、実はそこに、子どもの個性や興味、関心が詰まっています。考えてみれば、子どもの行動に「困った」と思うのは実は大人の都合です。時間を守るとか、人の決めたルールに従うとか、そういった大人社会の基準に子どもを合わせようとするから「困ったこと」となるのです。

「困ったところ」がある子は、自分自身の興味と熱意に従って自分の世界を切り開ける力を持つ子だ、とも考えられます。「困った子」ほど才能の原石をたくさん持っているといえるのです。

でも、その才能が花開くかどうかは、周囲の関わり次第で変わってきます。

「好き」という気持ちを否定されると自己肯定感が下がります。なかにはバランスのとれる子もいますが、何かに夢中になるタイプのお子さんは、好きという気持ちに一直線で、アンバランスになることが多いのです。だから余計「困った子」に見えてしまいます。

でも夢中になれるのは才能です。その才能を伸ばすためには、叱らなくてもよいことは叱らない、待って、包んで、許す、という覚悟が必要なのです。

3章-3

「伝え方」を工夫する

今すぐやめてほしい、まずい叱り方

子どもを注意したり叱ったりするときは、伝え方を工夫しましょう。どんなに心に愛があっても、伝え方が悪いと子どもには伝わりません。次からは、まずい叱り方を紹介します。もし、心当たりがあったら今すぐにやめてください。

頭ごなしに否定するのは×

事情も聞かず、理由も聞かず「悪いことだから」と叱ると子どもは自分が理解されていないと感じてしまいます。

あるお家で、年長のお兄ちゃんが、妹の手を引っ張って泣かせました。親御さんは「小さい子をいじめちゃダメじゃない！」と叱りたいのをグッとこらえ「どうしたの？」と聞きました。すると妹がハサミに手を伸ばそうとしているのを、危ないと思って止めたのだ、ということがわかりました。

親御さんは反射的に叱らなくてよかった、と心から思ったそうです。

このお兄ちゃんのようなケースばかりではありませんが、子どもの行動には必ず理由がります。頭ごなしに叱るのはやめましょう。叱る前に、なぜその行動をしたのか、子どもにきちんと理由を聞かなければなりません。

園の先生方に、子どもを叱るときどんなことに気をつけているのか聞くと、次のように答えてくれました。

・叱るときには、子どもの目を見て、行動を注意します。そのときに、子どもの気持ちを否定するのではなく、なぜその行動を起こしたのかという気持ちに寄り添い、気持ちを肯定して話をするよう心がけています。

・してはいけないことは、はっきりと伝え、「なぜいけなかったのか」「どうすればよいのか」を自分で考えてもらうようにすることを意識しています。

・頭ごなしに叱るのではなく、また同じことをしてしまわないよう、「なぜいけなかったかな？」と一対一で話ができるようにしています。

ほかの子と比較するのは×

他人と比べて叱ると、子どもは意欲を失います。

お子さんが99点だったら親御さんたちはみんなほめるでしょう。でもクラスのほかの子が100点で、わが子が99点だったとしたら……。「100点はほめられるけど99点はほめられない」と思ってしまいませんか？

そうじゃないですよね。99点もほめられていいはずです。

では、50点でも10点でもほめてあげられますか。

「●◎ちゃんは100点なのになんであなたは50点なの？」「10点なんて、恥ずかしい！」なんて言ったら、その子を全否定することになってしまいます。もちろんやる気なんか出るわけがありません。

「わあ、50点！　素晴らしいね。あと50点は伸びる可能性がある」「10点のテストよく見せてくれた、なかなかとれる点数じゃない！」ともし親がほめたとしたら、そこに否定はありません。

肯定的なメッセージしかないので、次のテストはお子さんはさらに頑張れる気持ちが芽生えるかもしれません。入試などの一度きりの勝負でない限り、テストや試験は年に何度か訪れるもの。1度10点をとったとしても次に挽回すればいいのです。

叱るときの伝え方のコツ

ほめるより、実は叱る時の方が難しいと私は考えています。

どんなに愛がある言葉でも伝わらなければ意味がありません。

伝えることより、何が伝わるかが大切です。子どもに合わせた伝え方を心がけましょう。

ここからは叱る時に意識したいポイントです。

興味の持てる声かけを工夫する

子どもの興味が持てるような楽しい言葉がけを考えてみましょう。

たとえば、子どもがおもちゃで部屋を散らかしてぐちゃぐちゃ。そんなときは、「何秒でお片付けできるかな？　よーいどん」と声をかけるだけで、子どもははしゃぎながら動いてくれます。

階段の上り下りを嫌がった時には、「上まで下まで何歩かな？　数えてみよう」と声をかけるだけで、たちまち数を数えるゲームになるのです。

でも、その子が興味の持てる声かけでなければまったく効果はありません。片付けをさせようと「何秒でできるかな」と声をかけても急かされたくない、自分のペースで過ごしたい子は動かないでしょう。もしかしたら、そのような子には「この棚におもちゃをきれいに飾ってくれるかな？」と言葉をかけると喜んで片付けるかもしれません。

階段の段数を数えるのも、数に興味が持てない年齢の子には、あまり有効ではありません。もしかしたら動物好きの子などであれば「猫さんになって階段を上ろう」などの声かけのほうがよいこともあります。

子どもは毎日変化（成長）しているので、日々「正解」は変わります。大切なのは、子どもをよく見て、興味を持ちそうな声かけをすることです。

たとえば「猫ちゃんになって階段を上ろう」と声をかけたときと「ゾウさんになって階段を上ろう」と声をかけたときでは子どもの動きや表情はまったく変わってくるでしょう。

親として子どもの変化を観察しながら、子どもの目線で楽しく遊べるようになると、子育てはとても楽しいものになります。

そんな瞬間こそが、子どもの学びの場であり、親子の絆を深める貴重な時間なのです。

Iメッセージで伝える

「Iメッセージ」とは、「私は～と思う」「私は～できると考えている」など、自分を主語にして気持ちや考えを伝える表現方法です。

たとえば、「早く寝なさい！」や「なぜこの問題が解けないの？」といった「あなた」を主語にした言葉をIメッセージに変換すると「お母さんは、早く寝ると朝もすっきり起きられると思っているよ」「パパは、君ならこの問題をしっかり解けると信じているよ」といった形です。

どうでしょうか、Iメッセージに言い換えることで、印象が変わってくると思いませんか。

「あなたは～しなさい」「あなたはなぜ～しないの？」といった相手を主語にする伝え方ではなく「Iメッセージ」を使って伝えてみましょう。

肯定の言葉に変換して伝える

禁止やマイナスの言葉ではなく、肯定やプラスの言葉に置き換えて伝えることも心がけましょう。

否定的な言葉を使わない、肯定的な言葉を使うことに関して、ある先生はこう話してくれました。

たとえば、廊下を走っている子には「走ったらダメ」と言うのが普通ですが、その「走らない」という否定的な言葉を「歩こうね」という言葉に変えました。

高いところに上るのも「ダメ、危ないでしょ」と言わずに、「下りてね、危ないよ」と言います。

たったそれだけですが、否定的な言葉を使わないので、自分も気持ちがいいし、子ども達も怒られているようには感じないため素直に聞いてくれます。

周りの先生達も同じような声かけをするようになって「言葉を変えるだけでこんなにも違うんですね」と言ってくれました。

3章-4

ほめるも叱るも発達の段階を考えて

子どもの発達に合わせて伝える

ほめるときも、叱るときも、子どもの発達段階に応じた伝え方をすることも大切です。ここまでお伝えしてきた、注意点やうまく伝えるコツは、どれもこれもその子の成長やタイプに合わせて伝えなければ意味がありません。

ここでは、年齢を基準に、ほめるときはどのくらい、注意するときはどのくらいの言葉を伝えればいいのか、目安を書いておきます（タイプについては、2章で詳しくご紹介しています）。その子によって発達のスピードや具合は違うので、年齢はあくまでも参考と考えてください。

0～2歳まで

2歳までの赤ちゃんは、無条件にほめてあげましょう。

特に「見て見て」というような素振りを見せたときや、得意げな表情のときなど、タイミングを逃さず、「すごいね！」「いいね！」など短い言葉でほめることを心がけてください。笑顔や拍手などのアクション、声のトーンは、やり過ぎかなと思うくらいでちょうどいいでしょう。

注意するときは、きっぱりと目を見て伝えます。赤ちゃんでもいいことと悪いことの違いは伝わります。

2～3歳

だんだんその子の個性が出て、社会性も芽生えてきます。ほめるときも注意するときも言葉でわかりやすく伝えましょう。ほめるときは結果よりも、やろうとした意欲を尊重して、ほめるようにします。

注意するときはできるだけ具体的な言葉で、肯定的に伝えます。「走らない」→「歩こうね」、「散らかさない」→「きれいにしよう」の方が子どもに伝わります。また、危険なことは何度でもくり返し伝えることが大切です。

4歳～

年中、年長さんは、本音で接することが大切です。

ほめるときは自分なりに工夫できた、取り組もうとしている姿を具体的にほめます。たとえば鉄棒や跳び箱など、頑張っている姿をほめ、できたときは一緒に喜べるといいですね。注意するときは、なぜそうしたのか思いを聞くことが大切です。そのうえで、正解を与えるのではなく、「どうしたらいいと思う？」と本人に考えさせるように働きかけましょう。

花開く時期はひとりひとり違う

年齢別に目安を書いてから言うのもなんですが、小さい頃の年齢や月齢は、あくまでもただの生まれてからの時間の数字です。その子によって発達には非常に波があります。

にもかかわらず、子どもの発達に悩むお母さんを最近よく目にします。SNSの影響もあり、他の子どもの情報がイヤでも目に入る時代。どうしても、同じくらいの月齢の子と比べてしまい、わが子の発達に焦りを感じてしまうようです。

「桃栗3年、柿8年」「ゆずは18年、りんごは25年」という言葉を聞いたことがあるでしょうか。果物の桃や栗の木は植えて3年経てば果実が収穫できますが、柿は8年待たないと実がなりません。ゆずやりんごはさらに長い期間が必要です。

柿の木に「3年経つのに実がならないのはダメだ」と言う人はいないでしょう。柿を育てようとしたら8年待つのがあたりまえです。

子どもでも、桃の木、栗の木のような発達の早い子がいれば、柿の木のようにゆっくり育つ子もいます。その子にとってはまだ時期ではないのに「まだできないのか」と焦ってしまう親御さんが少なくありません。

1歳くらいで喋りだす子、2歳すぎてやっと言葉が出てくる子、どちらがすぐれているということはありません。喋りはじめるのが早くても遅くても、ずっと喋らなくても、子どもは無条件で素晴らしい存在です。

小中学校でどんなに勉強ができて一流大学に行ったとしても、社会に出た瞬間に潰れてしまう人もいます。その一方で、学生時代は劣等生でどうにもならなかった人が会社を興して大成功した、といった例も珍しくありません。

先のことは誰にもわからないのですから、子どもの今の状態だけを見て、あれこれ気にするのはやめましょう。

3章-5

勇気をもって「手抜き」する

親がつい手を出してしまう

昔、きょうだいが多い時代は子どもはいい意味でほったらかしにされていました。今、子どもの人数が少ないせいもあって、手をかけすぎている親御さんが多いように思います。

逆説的ではありますが、それは、親御さんに余裕がないせいではないかと思うのです。余裕がないからこそ余計に手をかけてしまう。余裕がないから待てないし、思わず手伝ってしまったり、予防線を張ってしまう……という状態に陥っているように見えるのです。

例えば、子どもがコップで自分で飲もうとしてこぼします。こぼされた親は、面倒だからその後、飲ませてあげたり、ストロー付きのコップや倒れないカップを使わせます。そこにコップを使って自分で飲むという挑戦はありません。

親の都合で考えると、こぼさないほうが楽です。多くの親御さんが、自分の楽を優先してしまっています。そうではなく、あえて子どもへの手助けを「手抜き」してみてはどうでしょうか。

失敗を経験させる

転ばぬ先の杖というか、お子さんが転ぶ前に「そこは危ないから」と手を出して、あらかじめ失敗を回避してしまっています。

それは、転んで痛い思いをしてほしくないという親心もあるでしょう。でもそれだけでなく、転んだ子どもがワーッと泣く、それに向き合うのが面倒だという気持ちもあるように思えます。

「うちの子は絶対転ばせたくない」という親御さんと、「転んでも、立ち上がればいいんちゃう？」という親御さんでは、今の時代、前者の方が多いように思います。しかし、どちらの方がお子さんの生きる力は強くなるでしょうか。

泣いた子どもをフォローしたり、泥で汚れた服を洗濯するより、泣かせない、転ばせないほうがたしかに楽です。でもそれを続けていると、お子さんは転ぶことも、転んで立ち直ることも経験できません。

そんなふうに育てられたお子さんは、試行錯誤を体験できなかったために、失敗から立ち上がるたくましさが足りなくなってしまいます。

さらに「この道は安全なんだ」とか「ここは危険だ」と判断する感覚も養われないまま大人になってしまいます。

情報があふれ、どんどん変化していくこの時代を生きていくお子さんのこれからの人生は、自分で選択していくことの連続ですし、そのような危険回避の力がより重要になってきます。さまざまな困難が待ち受ける人生を自分の足で歩いていくためには、自分で判断する力を小さい頃から養っていくことが大切なのです。

もし、ここまでの文章を読んで「たしかに、失敗を回避しているな」と思った親御さんは、今後、少しずつでよいので、お子さんが失敗しそうなとき、手を出さずに見守るよう心がけてみてはどうでしょうか。子ども時代の失敗こそ人生の財産です。お子さんの失敗をただ見守るのは、とても勇気がいります。また、失敗のフォローをするのはたしかに面倒です。しかし、その大変さを乗り越えた先に「子どもが自分でできるようになった」という、成長の喜びがあります。

3章-6

子育てのイライラを手放す方法

イライラを手放す方法

毎日一緒に過ごしていると、子どもにイライラすることもありますよね。

心が幸せで満たされて余裕があるときは、お子さんが泣いても、わがままを言ってもイライラせず、ゆったり対応できる時もあるけれど、体調が悪いときや、仕事で行き詰まっているとき、対人関係で悩みがあるときだと、お子さんの小さな失敗やわがままにイラッとして爆発してしまう、なんて経験、きっと皆さんにもあるはずです。

そんな時のイライラは、お子さんの行動は単なる「きっかけ」です。子どもにイライラするというのは、その人の中にもともとあったイライラの種が、お子さんの行動に刺激を受けて反応してしまったということがほとんどなのでは、と思います。

どんなに意に沿わないことがあっても、自分の中にイライラの種がなかったら、イライラしないはずです。親御さんの子どもへの爆発は、子どもの行動が原因ではなく、子どもの行動が「きっかけ」になっていることがほとんどなのです。

「イライラ」という感情を手放す方法があります。「イライラ」自体はあなたのものですが、あなた自身ではありません。

あなたとイライラは別のものですから、実は、ちょっとしたコツで手放すことができます。

イメトレで手放す

本書を読みながら、まずはイメージトレーニングを試してみましょう。こんなことじゃ、イライラが収まらない！　と思う人も、だまされたと思って一回やってみてください。少しはマシになるかもしれません。

〈イライラを手放すイメージトレーニングの一例〉

①頭の中にイライラが浮かんできたら……

②そのイライラを丸めた球体をイメージする

③「さようなら」と心の中で言う

④脳内からその球体が離れ、フワフワと遠くへ飛んでいくイメージを描く

ボーッとする時間を作る

子育てでイライラしないためには、自分の中にあるイライラの種を作らないこと、心の底からリラックスしてボーッとする時間を作ることが大切です。

理想的なのは旅行です。お子さんと離れて1泊、もしくは日帰り旅行がベストですが、子育て中にそれは難しいですね。

旅行をする代わりに、デジタルデトックスをおすすめします。

1時間でいいのでスマホを手放して、リラックスタイムを過ごしてみてください。次のようなことなら工夫できるのではないでしょうか。

・お気に入りのカフェなどで過ごす
・ネイルサロンや美容院に行く
・散歩やジョギングをする
・趣味に没頭する
・ゆっくりお風呂に浸かる

頭と心を休ませてボーッとしていると、様々な発想や感情がわき上がってきます。

つい明日の予定、今夜の夕食何にしよう……なんて考えてしまいがちですが、自分を追い立てず、ぼんやり過ごす時間を楽しんでください。

ボーッとする時間を作って、心に余裕ができてくると、周りの人や自分をほめるという方向に向かいやすくなります。

自分にボーッとすることを許して、子どものボーッとする時間も許してあげましょう。

「いいかげん」くらいがちょうどいい

ボーッとする時間がとれない状態だと、「早くしなきゃ」「しっかりしなきゃ」「あれもこれもやらなきゃ」と自分で自分を追い立てて、同じように子どもを「早くしなさい」「しっかりしなさい」と追い立ててしまいます。そんな状態ではいいところを見つけてほめよう、という気持ちにはなれません。

真面目な人ほど「きっちり育てなければ」と思って悩み、焦り、子どもに窮屈な思いをさせがちです。無菌状態では子どもは育ちません。逆におおらかで、ある意味いいかげんな親御さんの元では子どもはのびのび育つ傾向にあるように見受けます。

少し楽をして、意識的に「いいかげん」になりましょう。

大丈夫。親がいいかげんに育てても、肝心なところさえ押さえておけば、子どもはいいかげんな人間に育つことはありません。

「毎日忙しい」は思い込み?

子育て中は忙しい、時間を作るのが難しいとみんなが思っています。仕事も家事も、あれもこれも……しかし本当に時間がないのでしょうか。

昔と比べると、洗濯機や掃除機、食洗機もある、家事は格段に時短できるようにはなったかもしれません。ただ一方で、共働きも増えたので、相対的には現在の親御さんたちも、時間がないのは確かです。

一方で、ふとした瞬間や空き時間、意識せずにスマホで時間を浪費していませんか。スマホを触る時間は、意外と長いもの。もちろん、仕事のことや家庭のことを調整する時間かもしれません。ですが、1日のスクリーンタイムなどを改めて見てみてください。……意外とありませんか？

忙しいからできない、というのはもしかしたら思い込みかもしれません。

例えば、これまで、保育士は忙しく、昼休みも子どもの対応や雑務で休めない、働き方改革なんて無理、というのが保育業界の常識でした。でも私たちの園では、しっかり1時間、保育士もスタッフも交代で、きちんと休憩を取ってもらっています。

きっかけはコロナの頃、「子どもの食事時間には保育士が必ず全員その場にいないといけない」という思い込みを外したことでした。担当以外の保育士は、子どもたちとは別室で食事を取るようになり、その流れで1時間の休憩をとってもらうことにしたのです。

試してみたところ「やればできるじゃん」となりました。同じように、サービス残業も禁止。有休もしっかり確保して、スタッフ全員が心にゆとりを持って働ける体制を整えることができました。

働き方改革なんて無理、と言われていた保育業界においても、「えいやっ」と動いてみる決断で、働きやすい職場に改善することができたのです。

もしかしたら、子どもに手間をかけすぎて時間がなくなっている可能性もあります。また一方で「時間がない」という思い込みをしている可能性もあります。ただ、どちらにしても、工夫をすれば、時間は生み出せるはず。もし毎日が「忙しい」と強く思っている方は一度時間の使い方を見直してみてもいいかもしれません。

3章-7

あなたの物差しをもっていますか？

他人の物差しで測っている

何も考えなくてボーッとする時間を作ってください、大空をボーッと見上げてみてください、と突然言われても、それが苦手な親御さんが大多数かもしれません。

ボーッとしようとしても「もっと●◎しなきゃいけないのに、何をやっているんだ」「こんなふうにボーッとする時間があったらもっと●◎できるのに」と焦ってしまうのではないでしょうか。

焦る気持ちは分かりますが、その前に「なぜ焦ってしまうのか」について、考えたことはありますか？

焦る理由は「自分」や「うちの子」が人よりも遅れている、劣っているのではないかという恐れです。

そしてそんなふうに考えてしまうのは、人と比べているからです。もしも「自分自身」や「その子自身」しか見ていなかったら、焦ったりはしません。

「よその子は歩いてるのに、うちの子はまだ歩かない」「母子手帳にはこう書いてあるのに、うちの子はまだできない」など、「誰か」や「誰かが決めた基準」と比べて評価することで、焦りが生まれ、ボーッとする気持ちの余裕が消えてしまいます。

比べるというのは、どちらがいいか、優劣をつけるということです。

「人より頭がいいほうがいい」「きれいだからいい」「かっこ悪いからあかん」「せめて●◎大学は行ってほしい」……それぞれ、これはこれで大事なのですが、そんなふうに比べる価値観には自分軸がありません。

「勉強ができたら幸せになる」とか「お金持ちになったら幸せになる」というような、世間の標準という基準、外側から与えられた価値観の物差しだけで測っています。

そういった言葉に思い当たることがあるとしたら、もしかするとまだ親御さん自身に自分軸が確立していないのかもしれません。きちっとした自分の基準が持てずに、他人の物差しで子どもを測っているのですから、子育てがしんどくなってしまうはずですよね。

子どもたちに学ぶ

しかし現代社会は、どうしても人と比べてしまうように仕向けられています。今の日本で生きる私達は、競争からは抜け出すことができません。よい例がSNSです。常に他人の生活や、ライフスタイル、関係のない子どもの成長などを見せられたら、意識してしまうのは無理もありません。

競争に勝ちたくてライバルを蹴落としたり、勝っているふりをするため着飾ったり……心に鎧を着けてしまいがちです。そんなふうに常に人と比較しながら自分の中で戦いをしている人生には、安らぎや幸せは感じられないですし、本当の意味で落ち着いた生き方ができません。

そんな中でも子ども達は、自然体でキラキラしています。人と比べないで生きていく方法を、私たちは子ども達から学べるのかもしれません。

5歳くらいまでの子どもは、心と頭が一致している。だから自由です。でも、みんなそれを大人になる過程で忘れているのです。

多くの人は、自分が自由に自分らしくあることで、周りが迷惑するのだったら、自分は我慢しようとか、自分が我慢したら、物事がうまくいき、しかも「いい子ね」とほめられるのだったら、そうしよう、と考えます。

心でわかっていることを、自分で否定し続けていくうちに、だんだん「それ違うよ」と心が言っていても、そんな自分の声に耳を傾けず、頭だけで考えるのを優先させていきます。

やがて、頭で理解していることと、心で感じていることとがバラバラになってしまいます。周りに合わせて、物わかりが良くなっていくのを「大人になる」と言いますが、そんな自分軸のない「大人」が少なくないような気がします。

今はこんなことを言っていますが、まさに私も……かつては外側の価値観に染まっていて「やはり、学歴をつけてあげないとあかん」と思っていました。でも、いつの日か考えを改めました。今の時代、いい大学にいったからといって成功するわけではありません。逆に、大学に行っていなくても、自分の好きなことや、アイデア次第で大成功をおさめる人もたくさんいます。ひとつの物差しで測ることは現代では難しくなっているのです。だからこそ、他人が決めた物差しを持ち出していちいち測るのではなく、自分の物差しを常にみがき、子どもたちにもそれを伝えていきたいと考えているのです。

親の物差しが、子の可能性を伸ばす

親御さんは、自分の物差しを一刻も早く身につけることをおすすめします。自分の物差しを持つこと、それが人間としての成熟です。人としてのあり方と言ってもいいでしょう。

自分の物差しがない状態でお子さんをほめたり、叱ろうとするとき、外側からの価値観を借りる必要があります。借り物はどうしてもぶれてしまいます。

自分の物差しはぶれない判断基準になります。

自分の物差しを持つヒントは、自分自身の中にあります。

「頭では分かっていても、心が何かモヤモヤする」というとき、自分の心の声をしっかり聞いてあげましょう。自分をほめるようにすれば、自然とどこまでも「自分自身を見つめる」というところに行き着きます。自分の存在が丸々〇Kなんだ、と認めることで、自分の心の声をきいてあげられるようになります。

また、なるべく多く本を読んだり、映画を見たり、人と話をしたりすることも自分の物差しを持つヒントのひとつです。一度いろいろな意見や考えを自分に取り込み、自然の中で過ごすこと、自分の中でそれは自分に合っているか、合わないか、共感できるか、できないか、そのような思考を働かせることで、自分の物差しも育っていくことでしょう。

もしその結果、「学歴が高い方がいい」という結論ならばそれでいいのです。「なんでいい学校に行った方がいいの？」と子どもに聞かれたときに、「その方が将来が安定するよ」という一般的に言われている答えではなく、自分なりに考えた理由を子どもに伝えられれば、それはあなたの物差しで測った結果、得た答えになるかと思います。

これまで、たくさんの親御さんたちに接してきましたが、自分の物差しを持った親御さんに育てられたお子さんは、自立して海外留学など自由に旅立っていくことが多いです。

まずは親御さんが自分の物差しを持つことが、お子さんの可能性を伸ばすことの重要なのです。

「世間体」で叱っていないか

もしお子さんが、電車のなかで騒いでいたら、周囲の迷惑にもなるので注意しないといけないですよね。

もちろんそれはそのとおりです。やらないほうがいい……のですが一方で「この行動を叱らなければいけない」と親であるあなたは思い込んでいませんか?。

自分が親として周りにどう思われるか、ここで叱らないとだらしない親に見られるかもしれないという、周りを基準にした「物差し」で測って叱っているとしたら、それは、正しい物差しではないですよね。

「叱らなければ迷惑な行動を続けてしまう」という反論もあるでしょう。

マナー違反やいたずらをするときのお子さんをよく見てください。1、2歳のお子さんでも「これどうかな?」と周囲の反応を見ながら行動しています。

周囲のようすを見ながら行動している、つまり自分で判断しようとしているお子さんの行動を全否定してしまうと、親の顔色を見て判断する子どもになってしまいます。

自分の判断で動ける子になって欲しいなら、いきなり頭ごなしに叱るのではなく、注意する、気づかせることが大切です。

叱るのではなく「今どうしたらいいと思う？」と問いかけて、本人に気づかせるだけでいいことの方が多いのです。

無意識に生き方をなぞっている

世の中は、すでに「とりあえず大学まで行けば何とかなる」という考え方は成立しなくなっています。けれど、多くの親御さんたち自身がそれ以外の生き方を経験していません。

未知の場に行くのは、本能的に怖い恐ろしいと感じてしまうのが人間です。

それで、「とりあえず勉強しといてくれ」と子どもに言ってしまいたくなるのでしょう。

先ほども述べましたが、一流大学を出たからといって就職が安泰なわけではありません。ユーチューバーやプロゲーマー、AI関係のエンジニアなど、過去になかった仕事がどんどん増えています。もしかしたら、お子さんはそんな仕事の才能を秘めているかもしれません。

これからの子育てには、様々な価値観を受け入れる心の広さが必要です。

ひとりひとり違う、素晴らしい存在であるという多様性を認めることが大切です。

親も完璧ではないことを認める

お子さんが0歳なら、親も0歳です。1、2歳……と成長しても、たったの数年です。子どもはもちろん、親も完璧ではありません。自分が完璧じゃないところをまず、認めていきましょう。そして、お互いそれを認め合ったらいいだけです。

親が失敗しながら、いろんなことを学んでいっている姿を、ただ単に子どもに見せていたらいいのです。ほとんどの親御さんが、子育ては「子どもを育てること」と思っていますが、実は「自分育て」なんです。

親が親として、1年生から2年生になり、3年生になっていく、親自身が「親である」ことを学んでいる最中だと意識改革しないといけない。そのうえで、親が努力をして、頑張って成長していく姿を、隠さずお子さんに見せていけば、お子さんは親が成長している姿を見て学びます。その様子を子どもたちも自然にマネをするのです。

自分自身がまだ親としても人間としても未熟で、学んでいる最中なのに「教育をしなければ」「導かなくちゃいけない」と考えていると苦しくなります。

リラックスをして、やりたいことをとことんやらしてあげることの方が大事です。「完璧じゃない自分と、完璧じゃない子どもが一緒に成長していこう」という姿勢で考えている方が、親御さんも気が楽ですし、お子さんものびのび育ちます。

そのためには「子どもは学校に行かなきゃだめだ」とか「みんな仲良く」なんて枠は親がまず外さないといけません。

親御さん自身がその枠を外しても、お子さんは「みんなと仲良く学校に行くのが楽しい」、ときれいに枠の中に収まっている、いうこともあります。

自分自身が枠を外したから、といって子どもにも枠を外せ、枠の外に出ろというのは、枠を押しつけるのとまったく同じこと。決めるのは本人です。

「こうじゃなきゃダメ」はない

「こうじゃなきゃダメ」という感覚が強いと、その枠内にあてはまらない場合、焦って叱りつけてでも矯正したくなります。

でも、自分自身が完璧でないことを受け入れると、叱る必要がないことがわかってきます。

お子さんに対しても、配偶者に対しても、自分自身に対しても、「こうじゃなきゃダメ」を取り払いましょう。

「私は子どもがいるから」とか、「もう◎◎歳だから」とか、そんなことより、自分ほめをして自分を認めて、自分で未来をどれだけ描いていけるか……そういう時代に突入しているのではないでしょうか。叱らなければいけないときは、ひと呼吸おいて、いったい何を叱らなければいけないのか、まずは自分の物差しに問いかけてみてください。先ほども申したように、親御さんもまだ親になって数年。迷う部分もあるかと思いますが、自分に問いかけた後に、自分の言葉で叱ることができれば、それは子どもにも響くかと思います。

とはいえ、少しの道しるべが必要かと思います。次の章からは、「ほめ方」と同様に、タイプ別に「叱り方」の基本指針を示したいと思います。

LET'S PLAY!
HOME - IKU

4章

こんな時、どう叱る？

子どもの心を折らない言葉がけ

4章-1

叱る場面では、伝わる言葉を選ぶ

日本一ほめる園の叱り方

日々の生活の中で、子どもを叱る、注意する場面もあるかと思います。「ほめ育」という考え方は、もちろんほめることに重きを置きますが、ほめるだけではなくしっかりと叱ることも大切なこととして位置づけをしています。

やはり、危ない場面や、本当に注意したいことについては、園でもしっかり叱ることにしています。その時に大切にしているのが「愛を持って・その子のためになるように」伝えること。感情のまま叱っては、何について言われているのかわからないこともあるかと思います。やはり、叱ること・注意する時も「伝え方」が大切なのです。

園の先生方に、叱る・注意するシーンでは、どんなことに気をつけているのかを聞きました。

・あまり強く叱らずに環境を変えたりスキンシップをとって落ち着かせています。
・むやみに口うるさく注意するのではなく、大切なときにだけていねいに伝えます。
・もし、お友達に何かしてしまったときは「えんえんだって」「いたいいたいだって」とわかりやすい言葉で伝えます。
・してはいけないこと、危ないことなどは、きちんと繰り返し、分かりやすいように伝えるようにしています。
・「ダメ」「〜しない」など否定的な言葉で伝えるのではなく、こちらのしてほしいことを「○○しようね」と言い換えて伝えるように心がけています。
例「○○さん泣いているけど、どうしたのかな？　何か知っている？　先生に教えて」「おもちゃほしかったら何て言ったらいいと思う？」「友達が使っていたら順番に使おうね」など、「走らない！」→「歩いたほうがいいと思うけど、あなたはどう思う？」と、言い換えます。

・子どもの思いを受け止めながらも、嫌なこと・危ないことをしてしまったときは、相手のお友達の気持ちもどうなるか伝えるようにしています。
・自分の感情に任せて叱らないよう、ひと呼吸してみたり、落ち着けるようにしています。
・なぜそうしたのか、その行動に至った経緯、その子なりの理由を必ず聞くようにしています。行動や発語に共感しながらも違っていることは「こうやっていこうね」と声かけをするように意識しています。
・子どもたちの思いをくみとり、言葉に変えます。または子どもたちの思いを聞きます。そこから、どうすれば良かったのか問いかけたり、一緒に考えます。
・叱る・注意するときには「何がよくないのか」をしっかり伝え、理解、納得のできるまで考える時間を作ったり伝えるようにしています。
・どうしてそういうことになったか、自分で考えてもらいます。

このように、叱る側もエネルギーと、忍耐が必要になってきます。ただ、そのうえで、それでも、叱ることは重要だと思っています。もしかしたら、ほめる時よりも場合によっては「伝え方」がより重要になるのが、叱るということです。

怒りを発散させない忍耐力

叱るとき、わかりやすく大きな声を出して怒鳴るように叱るのではなく、推奨したいのが「伝える」ように叱ること。怒りを発散させないためには、まず親は、瞬間的な怒り・イライラを一度ぐっとこらえる必要があります。その忍耐力は、親として身に付けなければいけない力です。

怒りやイライラを感じたら、P122でご紹介したイライラを手放す方法を試してみてください。そちらにも書きましたが、爆発は子どもの行動が原因ではなく「きっかけ」となっているだけのことがほとんどです。自分の中でイライラしている気持ちを一度丸めて、ぽいっと捨ててみましょう。同時に一度深呼吸。深い呼吸をすることにより気持ちが落ち着きます。

ほめタイプ別で見る叱り方や伝え方

ここからは、2章と同様にシチュエーション別に叱り方・伝え方を具体的に紹介していきたいと思います。まずは、P69で診断したほめタイプ別にざっと叱り方の基本姿勢を示します。ほめる時と同様、タイプを理解して叱り方を変えることで伝わり方や、そのあとの反応も変わってくるでしょう。こちらもわたしたちの園で実際に実践している具体例を紹介します。参考にしてみてください。

タイプ別の叱り方・伝え方のコツ

「いつでもほめてタイプ」は叱る前に一度「共感」を

ほめる時と同様、叱る時も、このタイプは一度共感することが大切。気持ちに寄り添いつつも、「なぜこうしたのか」を聞いてみましょう。また、お母さん、お父さんが悲しい気持ちになっているよ、ということも伝えるとより気づきがあるでしょう。

「よく見てほめてタイプ」は「理解」しようとする姿勢を見せて

「よく見てほめてタイプ」の子は、単に衝動でいけないこと、危ないことをしたのではなく自分なりに考えた結果、行った行動ということがよくあります。このタイプは「なぜ」という部分と、「どうしてそう思ったのか」「どうしたいのか」という部分を掘り下げましょう。

「とりあえずほめてタイプ」は「なにがいけないのか」を端的に伝えて

集中力が切れやすいこのタイプは、叱っている理由を長々と伝えても飽きてしまいます。「どうして悪いことなのか」だけを端的にまず伝えましょう。また、理想的な姿をわかりやすく伝えるのも手。「●◎●してると、かっこいいな～」「●◎●だったら、すごいね！」とこちらが望む姿を伝えてみて。

ケース
1

理由はわからないが、かんしゃくを起こしている

子どもがかんしゃくを起こしているとき、あなたはどんな言葉をかけますか？

伝え方のポイント

いったん見守り、落ち着いてから理由を聞く

理由不明のかんしゃく、親御さんは対処に困ってしまいますね。子どもの感情が爆発しているときは、無理やり止めようとしても逆効果です。落ち着くまでは、危険のないように見守り、前後の子どもの様子から原因を想像しながら優しく声をかけたり、抱きしめたりしてあげましょう。落ち着いてきたら、気分転換をはかり、かんしゃくが完全に落ち着いてから、一緒に気持ちの整理をします。

日本一ほめる園の言葉がけアドバイス

みんなに伝わる伝え方

「どうしたの？」
「◎◎が嫌だったのかな？」

かんしゃくが爆発しているときはいったん見守り、少し落ち着いてから１対１で話します。言葉にできずに爆発してしまった「感情」を、言葉にできるようになる手助けをしてあげましょう。

「いつでもほめてタイプ」には

「◎◎だったの？　それとも××だった？」

とにかく受け入れて、抱きしめながら、気持ちを言葉にする練習をしていきましょう。前後の状況から、かんしゃくの原因を推測して、こちらから問いかけていくと少しずつ言葉にできるようになります。

「よく見てほめてタイプ」には

「何かあったの？　◎◎だったの？」
「どうしたいの？」

大人から見ると小さなことでも、子ども自身にとっては大きなこだわりかもしれません。特にこのタイプはこだわりが強いので細かな部分が原因のことも。よく目を光らせて。

「とりあえずほめてタイプ」には

「何が嫌だったの？」「◎◎したかったの？」

前後の様子を見ても理由がわからないときは、このタイプは別の部屋に移動するなど環境を変えるのもいいでしょう。気分が切り替えられるタイプなので、落ち着いて自分の気持ちを表現できるかもしれません。

ケース2

あなたは、どう叱る!?シミュレーション

言うことを聞かない

子どもが言うことを聞かないとき、あなたはどんな言葉をかけますか？

伝え方のポイント

なぜ聞けないのか理由を聞こう

言うことを聞いてくれないと困りますが、頭ごなしに叱ると「自分の思いを無視された」と感じるためよくありません。どうしてなのか、まずは理由を聞きましょう。「◎●が◎●だからイヤだ」と言語化することは、思考力や表現力を鍛える練習にもなります。先に子どもの思いを引き出し、気持ちに寄り添ったうえで、なぜしてほしいのか、理由や思いを伝えると子どもも納得しやすくなります。

日本一ほめる園の言葉がけアドバイス

みんなに伝わる伝え方

「どうしたの？」

「しりとりしながら保育園に行こう」

「ニンジンとトマト、どっちを食べる？」

「今日はお風呂で何して遊ぶ？」


選択肢を示して子どもに選んでもらったり、子どもが「やりたい」と感じられる提案をしたりするなど、無理やりではなく、自主的に行動できるよう促します。

「いつでもほめてタイプ」には

「パパと一緒にやってくれる？」

「〜をしてくれたら、ママは嬉しいな」


いつでもほめてタイプの子は、ひとりでやることが苦手です。「一緒に」という言葉を聞くと「いいかも」と前向きな気持ちになれます。パパやママと一緒に楽しく取り組む方法を考えましょう。

「よく見てほめてタイプ」には

「お着替え何分でできるかな？」

「〜ができたら、シールを貼ろう」


自分流の段取りがあるので、「今じゃない」と思うとなかなか動きません。タイマーやアラームでタイムトライアルにする、デキたらシールを貼るなど成果を「見える化」すると張り切る傾向があります。

「とりあえずほめてタイプ」には

「次は何をしたらいいと思う？」

「かっこいいね。〜ができたら、もっとかっこいいよ！」


気持ちが乗らないとなかなか動かない、このタイプの子は気持ちを盛り上げて、ノリノリで動けるような言葉をかけましょう。

ケース
3

あなたは、どう叱る!?シミュレーション

ごはんをわざとこぼす

子どもがわざとごはんをこぼしたとき、あなたはどんな言葉をかけますか?

伝え方のポイント

こぼさなかったらたくさんほめる

食事をこぼさずに食べるのは大人にとってはあたりまえですが、まだ自分の身体の使い方を学んでいる最中の子どもにとっては、非常に難易度の高いミッションです。こぼしてしまっても、叱るのではなく、正しい姿勢、正しい食具の使い方を知らせ、一緒にやってみるのがおすすめです。一口でもこぼさずに食べられたら大いにほめ、こぼさずに食べる習慣を身につけさせましょう。

日本一ほめる園の言葉がけアドバイス

みんなに伝わる伝え方

「こぼれちゃったね。一緒に拾おうね」

「どうしてこぼれちゃったんだろう？」

「お皿は持って、前を向いて食べてみよう」


こぼしたことを叱っても意味はありません。なぜこぼしたか考えさせたり、正しい姿勢を教えたりするのがおすすめです。

「いつでもほめてタイプ」には

「大丈夫だよ。一緒に拭こうね」

「パパのまねをして食べてみよう」


失敗しても大丈夫という安心感があるとどんどんチャレンジしたくなります。「人」に興味のあるいつでもほめてタイプの子は、パパやママなどのマネをするのが好きなので、お手本を見せてあげましょう。

「よく見てほめてタイプ」には

「どうしたらこぼさず食べられるかな」
「その箸の持ち方、
人差し指のところがいいね」

なんでも「自分で」やりたいこのタイプの子には、こぼさないで食べる方法を自分で考えさせるのが有効です。ほめるときは本人が工夫しているところに気付いてほめてあげましょう。

「とりあえずほめてタイプ」には

「ごはん逃げちゃったよ。

つかまえてくれる？」

「上手にお箸が持てて、かっこいいね」


その瞬間の楽しさに意識が向きがちなとりあえずほめてタイプの子には、楽しい言葉かけをするとスッと入っていきます。ほめるときは短くハッキリほめましょう。

ケース
4

あなたは、どう叱る!?シミュレーション

ごはん中に立つ・遊ぶ

ご飯中
こんにちはフォークちゃん
こんにちは〜
遊ばずちゃんと食べよう
そうだくまさんもってこよ!
サッ
まだご飯中でしょ!
こうなったら・・・
お母さんは食べ終わったからデザートにしよっかな〜
パクッ
サッ
計画通り

食事中に立ったり遊んだりする子に、あなたはどんな言葉をかけますか？

伝え方のポイント

マナーは根気よく教える

食事中の立ち歩きはマナー違反ですから「厳しくしつけなければ」と構える親御さんもいるでしょう。しかし、叱るよりも「食事は座って食べる」ということを根気よく伝えるほうが先です。そのうえで落ち着いて食べられる環境を整えましょう。お腹が空いていなければ食事に集中できません。日中しっかりと遊んで体を動かすなど、活動を見直してみることも必要かもしれませんね。

日本一ほめる園の言葉がけアドバイス

みんなに伝わる伝え方

「椅子に座って食べます」
「食べ終わってから、遊ぼう」

叱るよりも、食事中は座って食べることを分かりやすい言葉で伝えます。遊びたい気持ちは否定せず、「食べ終わったら」と条件を設定することで、先の見通しを立てたりがまんしたりする力を育てましょう。

「いつでもほめてタイプ」には

「一緒に食べよう！（膝の上に座らせる）」
「食べ終わったら、ママと一緒に遊ぼう！」

甘えたい気持ちが強いこのタイプは、大好きなママやパパから「一緒に」と言われると嬉しくなって頑張ります。スキンシップをとりながら食べるのも効果的です。

「よく見てほめてタイプ」には

「自分の椅子に座れるかな？」
「○○くんの椅子、座ってもらうの待ってるよ～」

何でも自分でやってみたいこのタイプは、「自分専用」のものが大好き。食器やランチョンマットなどを好きな色やキャラクターで揃えると、ごはん中に立ち歩くのを予防できます。

「とりあえずほめてタイプ」には

「座って食べたらかっこいいな～」
「ごはんを食べて、パワーをためてから遊ぼう！」

食事中も好奇心のままに動き回りがちなこのタイプには、一言で伝わる前向きな声かけが有効。遊びたいあまり急いでかき込まないように、注意して見てあげましょう。

ケース
5

あなたは、どう叱る!?シミュレーション

トイレで失敗した

トイレで失敗したお子さんに、あなたはどんな言葉をかけますか？

伝え方のポイント

失敗は成功のもと、根気よく付き合おう

トイレトレーニングはお子さんの気持ちと身体の準備の両方が整って、はじめて成功します。遊びに熱中してトイレに意識が向かないなど、お子さんの気持ちの状態に左右されるので、昨日はうまくいったのに今日は失敗、なんてことも珍しくありません。しかし失敗もムダではありません。「濡れると気持ち悪い」という感覚を覚えるチャンスなので、言葉にして伝えてあげましょう。

日本一ほめる園の言葉がけアドバイス

みんなに伝わる伝え方

「大丈夫！次がんばろう！」

「濡れちゃって気持ち悪いね」

「教えてくれてありがとう」


失敗したことを気にしているようなら「大丈夫だよ」と言葉をかけて安心させてあげましょう。教えてくれてありがとうと伝えることで「失敗しても教えるのはいいこと」と印象づけることができます。

「いつでもほめてタイプ」には

「出ちゃったんだね。大丈夫。

自分で言えて偉かったね」

「びっくりしたね。明日からまたがんばろう」


本人があまり気にしないような声かけが大切です。「びっくりしたね」など気持ちに寄り添った言葉で気持ちを表現してあげましょう。

「よく見てほめてタイプ」には

「教えてくれてありがとう。

次はもう少し早く行けるといいね」


失敗したことよりも、トイレに行こうとしたことや、教えてくれたことにフォーカスしてお子さんをほめてあげましょう。そのうえで「次」どうするかに意識を向けさせると前向きになれます。

「とりあえずほめてタイプ」には

「濡れて気持ち悪いね、お着替えしよう」

「次はトイレでできたらかっこいいね」


このタイプは切り替えが大切。失敗しても次のお着替えに気持ちを持っていったり、次のことを意識させるとよいでしょう。

ケース
6

あなたは、どう叱る!?シミュレーション

おむつは外れているのに、おねしょをした

おねしょをしてしまったお子さんに、あなたはどんな言葉をかけますか？

伝え方のポイント

プライドを傷つけないように言葉をかけよう

おむつが外れても夜間やお昼寝の時に失敗してしまう子は多くいます。おねしょをしてしまったお子さんは「失敗した」「恥ずかしい」という気持ちを抱えています。からかったり、叱ったりすればプライドが傷ついて自己肯定感が下がってしまいます。子どもなのですから「おねしょくらいして当然」とおおらかに考えて接してください。いずれ身体が成長するにつれて失敗しなくなります。

日本一ほめる園の言葉がけアドバイス

みんなに伝わる伝え方

「たくさんおしっこ出てすっきりしたね！」
「濡れていると気持ち悪いから着替えよう」

おねしょをした場合の対応は、基本的にはトイレで失敗した際と同じです。さらに夜間の水分摂取量を控える、寝る前にトイレに行く、おねしょシーツを使用するなどの対策もしておきましょう。

「いつでもほめてタイプ」には

「濡れちゃったね、着替えよう」
「大丈夫！次がんばろう！」

あまり大ごとにせずに、てきぱきと着替えを手伝ってあげましょう。朝になっても気にしているようなら「パパも小さい頃おねしょしたんだよ」など、誰にでもあることだと話してください。

「よく見てほめてタイプ」には

「ぐっすり眠れてよかったね。お着替えをして気持ち良くしようね」

このタイプのお子さんにも、他のお子さんと同様、叱らずに、気持ちに寄り添い前向きな声かけをしていきましょう。失敗すると気持ちが悪い、という感覚を言葉で伝えることも大切です。

「とりあえずほめてタイプ」には

「濡れちゃったね、大丈夫だよ」
「パンツをはき替えて気持ちいいね」

とりあえずほめてタイプのお子さんへの声かけも、本人のプライドを傷つけないような言葉を選びます。失敗にはあえてふれず、濡れた衣類を替えると気持ちがいいことを、わかりやすく伝えましょう。

ケース
7

あなたは、どう叱る!?シミュレーション

車道へものを投げるなど、危険な行為をした

危険な行為をしてしまった子に、あなたはどんな言葉をかけますか？

伝え方のポイント

即刻やめさせ、その後で説明を

車道へ石を投げる、道路へ飛びだす、踏切をくぐる、駐車場で遊ぶ、ライターを触る、高いところからものを落とす……など、子ども自身や他の人に危険が及ぶような行為は絶対にやめなければなりません。危険なときは「ダメ」「やめて！」「危ない」などと強い言葉を使ってでもやめさせましょう。その後、落ち着いてから、なぜしてはいけないのかを一緒に考えながら教えます。

日本一ほめる園の言葉がけアドバイス

みんなに伝わる伝え方

「投げたらどうなるかな？」
「遊びたかったんだね。お庭で遊ぼうか？」

行動をストップさせ、危険であることを伝えた後、子どもがどうしてその行動をしたのか声かけし、違う方法でその「やりたかった気持ち」を満たすことが重要です。

「いつでもほめてタイプ」には

「投げたいよね。だけど、車道は危ないからやめてね。代わりに公園でママとボール投げしよう」

共感しつつも車道など「投げてはいけないところ」で投げるのはやめるよう伝えます。同時に、投げて遊びたいという気持ちを満たしてあげられるような工夫もしましょう。

「よく見てほめてタイプ」には

「落としたものが人に当たったらどうなるかな？」
「もし車にぶつかってしまったら大けがをしてしまうよ」

行動とその結果を本人に考えさせることも重要です。車が来たら危ない、落ちてきたものでケガをするなど、危険を想像させることで大切な危機察知能力が育ちます。

「とりあえずほめてタイプ」には

「当たると痛いからやめよう」
「危ない！絶対にしてはいけないことだよ！なんでダメなのか話をするから聞いてね」

まだ生活体験が少ない子どもの「危険を想像する力」には限界があります。親御さんから、どんな結果を招くのか、しっかりと説明して伝えてあげることも大切です。

ケース 8

あなたは、どう叱る!?シミュレーション

お友達やきょうだいにおもちゃを渡さなかった

おもちゃを人に渡さない子に、あなたはどんな言葉をかけますか?

伝え方のポイント

「渡したくない」という気持ちも尊重する

「おもちゃを渡せない＝悪いこと」と感じる親御さんは少なくありません。でも、渡せないのは、熱中して遊んでいる証拠。決して悪いことではありません。むしろ「貸して」と言われたら、遊びをやめてまで渡さなければならない関係は不自然です。渡したくない気持ちを尊重して、相手の子には親御さんから「今は使っているからあとでもいいかな？」と伝えてみるのもいいと思います。

日本一ほめる園の言葉がけアドバイス

みんなに伝わる伝え方

「こっちの積み木も面白そうだよ」（乳児）
「3分交代で一緒に使おうか？」（幼児）

渡したくないという気持ちを肯定しつつ、発達段階に応じた対応を。乳児は代わりになるものを一緒に探し、幼児は納得できるタイミングで交代できる方法を提案してみる、というアプローチがおすすめです。

「いつでもほめてタイプ」には

「貸すの嫌なの？お友達も使いたいって言っているから、順番こできるかな？」

大好きなおもちゃを独占したいという気持ちを尊重しながら、お友達にも同じ気持ちがあることを想像できるよう言葉をかけます。ゆずれたら、たくさんほめましょう。

「よく見てほめてタイプ」には

「●◎君もそれで遊んでみたいって。〇時まで遊んで、〇時になったら貸してあげよう」

集中して遊んでいるときは、遊びを邪魔されたと不機嫌になってしまうかもしれません。他の子におもちゃを渡してあげるのが当然という考えではなく、本人の意志で渡せるような声かけをしましょう。

「とりあえずほめてタイプ」には

「あと3回したら、貸してあげようね」
「面白いおもちゃだね。ねえ、こっちのおもちゃも面白いよ」

切り替えが早いとりあえずほめてタイプは、興味が他に移れば、これまで遊んでいたおもちゃには執着しません。おもちゃを渡せたらたくさんほめ言葉を伝えましょう。

ケース 9

あなたは、どう叱る!?シミュレーション

嘘をついた

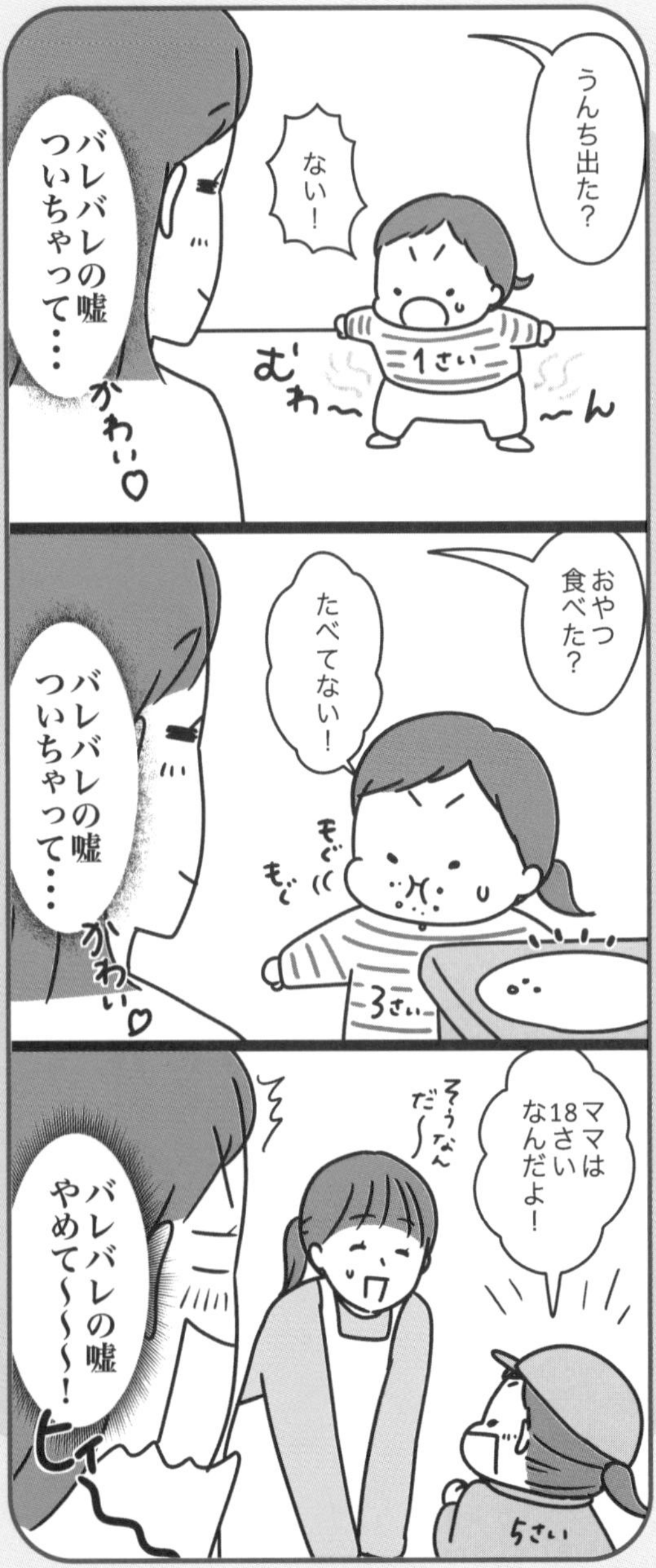

お子さんが嘘をついたとき、あなたはどんな言葉をかけますか？

伝え方のポイント

なぜ嘘をついたのかに目を向ける

嘘をつくのはよくないことですが、子どもの嘘には、何らかの原因があるはずです。根本の原因がわからないまま「嘘をつく」という行為だけを叱ると、子どもはどんどん追い詰められてしまいます。なぜ嘘をつくのか、子どもの話をじっくり聞き、嘘をつかなくてもいい関係を築いていきましょう。そのうえで嘘が周りや、自分に与える影響を説明し、どうすればよかったのか一緒に考えます。

日本一ほめる園の言葉がけアドバイス

みんなに伝わる伝え方

「そう思ったんだね」
「どうして嘘をついたのかな？」
「嘘は誰も嬉しくない。あなたも嬉しくないでしょう。誰も嬉しくないことはしない」

その子の伝えたかった思いを聞いて、気持ちを受け止めましょう。ふざけてわざと嘘を言っているときには、嘘をつくことはいけないことだと真剣に伝えます。

『いつでもほめてタイプ』には

「ママは、本当のことが知りたいな。教えてくれたら、とっても嬉しいよ」

嘘そのものにフォーカスせず、本当のことを言って欲しいと伝えましょう。正直に話してくれたときは「話してくれてありがとう」と伝えてぎゅっと抱きしめて。

『よく見てほめてタイプ』には

「何か言いたくないことあった？お話聞くから話してみて」

都合の悪いことを隠すために嘘をついてしまった場合、それを責めるとさらに嘘を重ねてしまいます。「本当のことを言っても大丈夫だ」と思えるような言葉をかけて。

『とりあえずほめてタイプ』には

「嘘はなんでダメだと思う？」
「嘘をつかれると悲しい気持ちになっちゃうよ」

子どもはふざけて嘘をつくことがあります。オオカミ少年の童話のお話などを通して、悪気のない嘘でも重ねると信頼されなくなるリスクがあることをしっかり伝えておきましょう。

ケース
10

あなたは、どう叱る!?シミュレーション

人のものを隠した

人のものを隠してしまう子に、あなたはどんな言葉をかけますか？

伝え方のポイント

隠す理由を知ってから対処を

お家の人が探すのを見てニヤニヤしているなら「遊び」です。「あれ～、どこかな～」と付き合ってあげるといいでしょう。必要なものを隠されて困るときは、これは隠さないでほしいとハッキリ伝えます。お友達のものを隠して困らせる場合は、いきなり責めず、なぜそんな行動をしたのか子どもの気持ちに寄り添い、受け止めてから、お友達の気持ちを想像させる言葉をかけましょう。

日本一ほめる園の言葉がけアドバイス

みんなに伝わる伝え方

「どうして隠したの？」
「大事なものが見当たらなくて、持ち主の◎◎さんが困っているよ」

ものを隠す、という行動には子どものストレスや不安が隠れていることもあります。気持ちに寄り添って聞くことを心がけましょう。そのうえで、いけないことだとお子さん本人に気付かせてあげることが大切です。

「いつでもほめてタイプ」には

「なんで隠しちゃったのかな？
お友達、どんな気持ちになるかな？」
「〇〇ちゃんもママも困っているよ」

お友達のものを隠したときは、隠したことを責めたり否定したりせずに、ものがなくなるとどんな気持ちになるのかを想像できるような言葉をかけ、一緒に友達に「ごめんなさい」を伝えに行きましょう。

「よく見てほめてタイプ」には

「どうして隠したの？　欲しかった？」

隠した理由は何なのか聞いてみても子ども自身はうまく言えないこともあります。このタイプはわが子を「よく見て」その心情を考えることも大切です。

「とりあえずほめてタイプ」には

「大切なものが急になくなったら
どう思う？」

４歳くらいまではものを隠された人がどれだけ困るのか、まだ想像できない子が少なくありません。もし自分のものを隠されたらどう感じるのか問いかけることで、相手の気持ちを想像するよう働きかけます。

ケース
11

あなたは、どう叱る!?シミュレーション

おもちゃを壊してしまった

おもちゃを壊してしまったお子さんに、あなたはどんな言葉をかけますか?

伝え方のポイント

壊れた理由を考えさせる

形あるものはいつか壊れるので、子どものお気に入りのおもちゃもいつか壊れます。ものとしての寿命が来て壊れるのは仕方がありませんが、わざと破壊したり、乱暴に扱って壊してしまったり、というのは残念ですね。子どもが壊してしまったときには、故意、偶然どちらの場合も、まずは理由を聞きましょう。壊さないためにはどうすればいいのか本人に考えさせることも大切です。

日本一ほめる園の言葉がけアドバイス

みんなに伝わる伝え方

「どうして壊れたのかな？」
「正直に言ってくれてありがとう。壊れたら悲しいね。大切に使おうね」

正直に壊れたと言えたことはほめてあげましょう。おもちゃが壊れてしまって残念、がっかりしている気持ちに寄り添いながら、なぜ壊れたのか一緒に考え、ものを大事にすることの大切さを伝えます。

「いつでもほめてタイプ」には

「おもちゃが痛かったって泣いているよ。次から優しく使ってあげてね」

幼児はおもちゃにまるで命があるかのように感じることがよくあります。その世界観に合わせた声かけをしてあげましょう。おもちゃへの感情移入は他者への想像力や思いやりの心のもとになります。

「よく見てほめてタイプ」には

「まだ修理できるかもしれないからパパに見てもらおう」

ものを大切にする気持ちは、親御さんの態度をお手本にして作られます。直して使う、という選択肢があることを実際の行動で示して伝えましょう。

「とりあえずほめてタイプ」には

「投げたら壊れちゃうよね、優しくね」
「ものは大切にします」

エネルギーが高く、衝動的に動いてしまう傾向があるお子さんの場合、おもちゃが壊れてしまったのを機会に、そっと置く、ゆっくりていねいに持ち歩くなど、大切に扱う方法を一緒に練習してみましょう。

4章-2

「叱る」と「ほめる」の違い

「叱る」が難しい理由

具体的に叱るシーンをあげて、タイプ別に解説をしました。重ねてお伝えしますが、私は「ほめる」よりも「叱る」ことのほうが難しいと感じています。それは、自分の感情もコントロールする必要があるため。やはり「叱る」時は、親が困った場面になることが多く、自分のスケジュールや感情などが子どもの行動で左右されることも多いため、ついつい感情的になってしまうことが多いものです。

ただ意外にも、大きな声で叱るよりも一度ぐっとこらえて「伝える」ように叱るほうが、そのあとこじれることなく、子どもも納得して違う行動をしたりすることが多いようです。そのほうが、トータル的な体力は使わなくて済むので、ぜひ、一度試してみてほしいと思います。

子どもと向き合うと同時に、自分とも向き合うこと。「叱る」ときは、そのような気持ちで臨むことが重要かもしれません。

LET'S PLAY!
HOME - IKU

5章

「ほめる」も子どもも さらに伸ばすコツ

5章-1

「ほめ」を進化させる

ほめる場面はいくらでもある

ここまで読んで何か気づいたことはありましたか？　実は、単に「ほめて育てよう」とお伝えすると、お子さんがテストでいい点を取った、跳び箱で高く跳べた、など結果を出したときにだけ、ほめる親御さんが大多数です。でも、具体例の中にもあったように、ほめるチャンスは日常にたくさん潜んでいるのです。大きな結果を出さなくても、日常のことでたくさんほめられることはあります。

とはいえ、「跳び箱が跳べたから偉い」「100点取ったから偉い」というほめ方が悪いわけではありません。最初はそんなふうに「がんばったね」と結果を受けてほめていきましょう。

けれど結果だけをほめ続けると、ほめではなく「評価」になってしまいます。特別なときだけほめるのではなく、「ほめ」を日常に取り入れていくことが大切です。

ほめようと思いながらお子さんを見ていると、さまざまなことに気付くはずです。跳び箱に転んでも何度も挑戦したことや、手をつく場所を工夫していること、踏切のタイミングで勇気を振り絞っていること……そのように見ているとほめ言葉も自然に変わっていくでしょう。

たとえば、転んでぶつかったとき「あのとき辛抱してこうやって、手のつけ方を工夫したね」、ドリルを1冊やり終えたとき「毎日漢字の書き取りをがんばっていたからだね」というように、ほめ言葉がどんどん具体化していきます。

これはほめの進化です。こうなってくると、ほめるところがいくらでも見つかるようになります。

そして、それをくり返していると、最終的には、テストなんか別に何点でもいい、跳び箱が跳べても跳べなくてもいい、と思えるようになるはずです。

「あなたはあなたでいいよ」と、その子の存在を認めてほめられるようになれば、お子さんはのびのびと、意欲的に自分のよいところを伸ばしていけます。そして、その方が親御さん自身の子育てストレスもなくなるかと思います。

ほめ方を進化させるコツ

まず、ほめようという気持ちを持ったことは素晴らしいことです。

そんな自分をほめて、さらにほめ方を進化させてみましょう！　ほめ方をさらに進化させるコツを次にまとめてみます。

ごほうびに頼らない

ごほうびは、短期的には子どものやる気を高める効果があります。しかし、ごほうびが目的化してしまうと、内発的なモチベーションが育ちにくくなり、自立心が阻害される可能性がありま す。ごほうびに頼らず、子どもの努力や過程を具体的にほめてあげましょう。

・×な伝え方

「お片付けしたら、お菓子あげるよ」
「宿題をしたら、ゲームしていいよ」

・◎な伝え方
「お片付け、上手にできるかな？　自分で考えて行動できたらかっこいいね！」
「難しい宿題、ここまでよく進めているね！　集中力が高くてすごい！」

「言葉だけ」でほめない
同じほめ言葉でも態度や表情が違うとまったく違った意味に受け取れます。
ほめるときは態度や表情でも子どもを丸ごと肯定していることを示しましょう。

・×な伝え方
（何かをしながら子どもと目を合わせずに）「へー、すごいね」

・◎な伝え方
（子どもの目を見てニッコリしながら）「わぁ、すごいね！」

理想の行動だけをほめない

理想とする行動だけをほめると、子どもは「こうしなければほめられない」とプレッシャーを感じ、自己肯定感が低くなります。子どもの個性や努力を認め、ありのままをほめましょう。

・×な伝え方

「お絵描き、上手だね！」

「お友達と仲良く遊びましょう！」

・◎な伝え方

「自分の好きなように描いて、楽しそうだね！」

「ひとりで好きなことに集中できていいね！」

他の子と比較しない

他の子と比較してほめると、子どもは劣等感を感じたり、競争意識が過剰になったりすることがあります。ほめるときは、その子だけに目を向けて、個性や努力を認めましょう。

・×な伝え方

「〇〇ちゃんは、●●よりも、もっとお絵描きが上手だよね」

「〇〇くんは、もっと早く宿題を終わらせられるんだって」
・◎な伝え方
「●●のお絵描き、先週のものとくらべてカラフルだね！　素敵！」

「昨日よりうまくなっているね！」

結果だけでなく過程もほめる

結果だけをほめると、子どもはプレッシャーを感じ、失敗を恐れがちになります。努力や過程も一緒にほめることで、失敗から学び、挑戦し続ける力を育むことができます。

・×な伝え方
「テストで100点、すごい！」

「運動会で1着、かっこよかったよ！」
・◎な伝え方
「難しい問題にも、一生懸命考えたからだね！すごい！」

「運動会で転んでしまったけど、最後まであきらめずに走り抜いたね！かっこよかったよ！」

5章-2

子どもは調子に乗らせて伸ばす

ほめるとお世辞は違う

ときどき「ほめると調子に乗るのでほめません」という親御さんがいますが、じつにもったいないことです。どんどんほめて調子に乗らせれば、子どもはどんどん伸びていくからです。

大切なのは結果をほめるのではなく、努力や工夫をほめることです。お世辞のように表面だけを見てほめる、成果を出したからすごい、のではなく、がんばったからすごい、努力したから成果がでた、という方向で調子に乗らせれば、自分から進んで努力をする子になるのです。

お世辞とほめ言葉は違います。

お世辞は、そこに損得勘定、計算があって、見返りを求めるものです。

ほめるときには、特に見返りを必要としません。

子どもを伸ばすためにほめる

どうしても目先のことに意識が向いてしまいがちですが、ほめる目的を見失わないことも大切です。ほめるのはお子さんを伸ばすため。評価するためではありませんよね。

私たちの園では、指導に跳び箱を取り入れていますが、跳び箱の高い段をクリアすることが目的ではありません。

子どもたちは、跳び箱に挑戦することを通じて、いろいろ工夫したり努力をしたりすることを体験します。工夫や努力を楽しむのは、人間にとってとても大事なことです。それを体感してもらうための跳び箱です。

それがわかっていないと、誰かに発表するための跳び箱、その子のできを評価するための跳び箱になってしまいます。

結果だけをほめられると、お子さんは誰かが見ているときにしかいいことをしないようになります。ほめられるために結果ばかりを追い求めるようになってしまい、次第にしんどくなっていってしまうでしょう。

子どもの言いなりにはならない

子どもの意見は尊重しなければなりません。しかし、子どもの意見を尊重するのと、子どもの言いなりになるのとは違います。

子どもの希望通り、本人が嫌がることを避けてばかりいると、子どもの世界がどんどん狭まっていってしまうのです。

そのひとつの例が、偏食です。食べ物の好き嫌いがあるお子さんに、「それが子どもの意見だから無理に食べさせることはない」というのもひとつの考え方です。でも、それでは子どもは、決まったものしか食べなくなって栄養が偏ってしまいます。

まだ抵抗力の弱い子どもは、身を守るために本能的に知らない食べ物を避ける傾向があります。大人が、子どもの言いなりにならずに、食べるものを広げてあげる必要があるのです。

アレルギーがない限り、一口食べてみよう。それでどうしても嫌だったらやめよう……と、挑戦させ、食べられたらほめる、というアプローチをくり返したほうが子どもの世界は広がります。

いいことも悪いことも「子どもが決めたことだから」と親御さんが従うのは、子どもの自主性を尊重しているようですが、逆に、お子さんの世界を狭めてしまうことにもつながります。

5章-3

モノより心、お金をかけるより工夫をしよう

お金をかけなくてもできること

子育て中の親御さんのなかには普段は「時間がない」「お金がない」と言いつつも、旅行やイベントに使うお金と時間は惜しまない人もいます。

子どもを喜ばせたい、いろいろ体験したいという気持ちに嘘はないでしょう。家族旅行やバーベキューなど、楽しいイベントの思い出がたくさんあるのはいいことだと思います。

私も子ども達が幼い頃には、あちこち旅行に連れて行きました。

ただ、家族で温泉旅行をした数年後、子どもたちに「何を覚えてる?」と聞いたら、「公園のブランコで、押してもらって一緒に遊んだことが楽しかった」と言われてしまいました。

せっかく旅行に行ったのに、一番楽しかったのは普通の公園か、とがっかりしましたが、子ど

もにとってはそういう普段の何気ない時間のほうが大切なのかもしれません。

子どもに様々な体験をさせるには、お金がかかると多くの人が思い込んでいます。でも、お金をかけなくても、工夫すればいいのです。

子どもは新品のきれいなおもちゃでないと遊べないということはありません。台所の食器をちょっと貸してあげれば立派な「おままごと」の道具になります。砂場で、砂と石と水だけで何時間でも遊べます。

高い知育玩具を買うより、手作りおもちゃでしっかりお子さんの相手をするほうが、お子さんの自主性もコミュニケーション能力も伸びます。また、YouTubeも上手に使えば海外の様子も分かるし、英語も学べます。海外のリアルを知りたかったら近くに住んでいる外国人に直接会いに行けばいい。

その気になれば、お金をかけなくても、子どもにたくさんの体験をさせることができます。身近なことから、お金をかけずにぜひ創意工夫してみましょう。

子どもに向き合う時間を作る

たとえ、どんなに手がこんだ料理でも、食事中、お母さんはスマホ、お父さんはテレビを見ていて、自分と目も合わせてくれない、そんな会話のない状態で食べたら、子どもは味気なく感じてしまうでしょう。

親子で向き合って「あのね、きょうね……」と会話をしながら食べれば、ごく簡単なおにぎりと目玉焼きだけの食事でも、特別においしく感じます。

お金がない、時間がない、と言いながら、本来お子さんと向き合うべき時間に仕事をして、そこで稼いだお金で家族旅行に行ったり、高額な習いごとをさせたりというのは、違う方向に豊かさを求めているような気がします。

時間とお金をどこにかけるのか、何に向き合うべきなのか、本当に大切なものを多くの親御さんが見失ってしまっているかもしれません。もちろん、旅行や習い事も貴重な体験ですが、まずは身近な部分から、できることから、何かを始めてみてはどうでしょうか。

5章-4

習いごとは「やめさせる勇気」が必要

最適な早期教育とは

子どもの可能性を広げるために、たくさん習いごとをさせようという親御さんも多くいます。子どもが嫌がらず、興味関心を示していることであれば、基本的にやらせてあげるのがいいでしょう。

アメリカでは、子どもに複数のスポーツを体験させる親が増えているそうです。野球、サッカー、バスケ、水泳、スケボー、空手など、できるだけ多くのスポーツを体験させ、その中から、子ども自身が好きなものや得意なものを選ぶという考え方です。

早い時期からたったひとつの限られた競技に限定してしまうのは、子どもの可能性にふたをしてしまうのと同じことです。

フィギュアスケートの羽生結弦選手のライバルでもある、アメリカのチェン選手は、体操からスケートに転向した選手です。体操で培ったきれいな動作はスケートに活かされ、チェン選手は世界大会でメダルを取りました。

チェン選手のように、いろいろとやるのは無駄ではなく、才能が掛け合わされて新しい可能性を生みだすということもあるのです。

やめさせる勇気

一方で日本は、どちらかというと、ひとつのことをずっと続けるのを美徳としているような気がします。本人が好きならいいのですが、もし、イヤイヤ続けさせている、という傾向があるなら、それは古い価値観の押しつけです。

小学校の時に少年野球チームに入ったら、そのまま中学高校も続けていく。そして時には、本人も親も、学校の先生や監督も、やめられない、やめさせてもらえない……そんな風に多くの人が同調圧力に押しつぶされそうになっています。これでは子どもの可能性は狭まるばかりです。

さまざまな経験をするなかで自分の得意分野を見つけてほしいと思うなら、「飽きた」「興味ない」「やめたい」と子どもが言いだしたときに「じゃあやめるか、次に何やりたい？」というのが本来の姿だと思います。しかし、「これだけお金払ったのに」「ここまで来たのに」という思いがあるのか「続けなあかん、最後までやり通しなさい」と言ってしまう親御さんのほうが多いように思います。

スポーツなど習いごとは特に、向き不向きは本人もわかっています。興味がなくなった習いごとを無理やり続けさせるより、違う方向で、その子の好きな何か得意になりそうなことを見つけてあげるのが親の役割です。

途中でやめさせても「やめぐせ」はつきません。

好きでなかったということがハッキリしただけです。好きでもないことを無理やり続けさせていると、自分の心を押し殺してガマンする悪いくせが付いてしまいます。

たくさんの習いごとをしても、その子が夢中になれるものが見つからないこともあります。まだ見つかる時期ではないのかもしれませんし、オールマイティーで何でも一通りできるタイプなのかもしれません。

ほめて探していけば、友達思いだったり、動物に優しかったり、その子の「良さ」が必ず見つかります。

大切なのは、たくさんの選択肢の中から、子ども自身が自分の可能性を見つけ、やりたいことを選び取れるようになることではないでしょうか。

また、その子の中で〝楽しい〟〝じっくりくる〟〝わくわくする〟という感覚や感情に気が付けるかどうかです。

どんな子にも無限の可能性の種が潜んでいます。

親がするべきは、その可能性の種が芽を出せるよう、子どもにさまざまな体験をさせること。

それこそが最適な早期教育なのです。

5章-5

ほめることで世界基準の自己肯定感が育つ

日本人の自己肯定感が低い理由

日本人の「自己肯定感」は世界の中でもダントツで低い、と言われています。

国立青少年教育振興機構が2016年に、世界7カ国の13歳〜29歳の若者を対象に行った意識調査では「私は自分自身に満足している」という質問に「そう思う」「どちらかといえばそう思う」と答えた割合は、日本は45・8%、韓国71・5%、アメリカ86・5%でした。

日本には「遠慮の文化」「謙譲の美徳」があるため、ある程度低くなるのは仕方がありません。それにしても、日本人の自己肯定感は世界レベルで圧倒的に低いと言わざるを得ません。

その理由は子どもの頃からの教育にあるのではないかと私は考えています。

自分をほめ、周囲をほめる習慣がつけば、おのずと自己肯定感もどんどん上がっていく、と私は考えているのです。

生まれてくれてありがとう

ほめることを続けていくと、最終的には「あなたのままでいい」とお子さんの存在を認められるようになります。でも、毎日毎日ほめ続けなければその境地には達せないのか、というとそんなことはありません。

簡単なポイントは、わが子が生まれたときのことを、ふと思い出すこと。

お子さんが生まれたとき「生まれてきてくれて、ありがとう」と感動したはずです。そのときの気持ちを思いだしてみてください。大げさな言い方にはなりますが、生まれたてのわが子を抱いた瞬間の感動、それこそが子育ての原点です。

ほめられたことのない人はいない

子どもを育てていると、自分の子どもの頃の記憶が蘇ることがあるでしょう。いい思い出もあれば、辛い記憶もある。なかには「自分は、ほめられたことがない」という人もいるでしょう。私もどちらかというと、そうでした。物心がついてから、怒られた記憶の方が強く残って「ほめられたことなんてない」と思い込んでしまっていたんです。

保護者がとても厳しく、子どもの頃の記憶が辛いものばかりだったとしても、何度かは、必ずほめられたことがあるはずだ、と私は信じています。何より、生まれたばかりの赤ちゃんは存在しているだけでほめられます。

お父さんお母さんでなくとも、どんな生い立ちでも、今その人が生きているということは、まだ赤ちゃんだった時代のその人に愛情を持って接してくれた人がいたはずです。

あくびをしたり、笑ったり、寝返りを打ったり……愛らしい赤ちゃんの小さな仕草に「かわいい」と目を細めほめてくれたのではないでしょうか。

赤ちゃんの頃の記憶は残っていませんが、でも忘れているだけで、ほめられていた。誰でも心の底のどこかに、そんな無条件の「ほめ」が隠れています。

時間はかかるかもしれませんが、自分ほめを重ね、家庭内や職場に「ほめ」を循環させることで、自分はもともと愛されている存在であることを思い出せるのです。

誰もが存在するだけで素晴らしい存在であること、その事実を、子どもを通してそれに気づくことが本来の子育てです。

ほめたり、向き合ったりといった、本書で紹介したさまざまな方法は、そのための手段です。子育ては、楽しいこと、幸せなことだけではないということは重々承知ですが、皆さん、ひと息ついて自分自身、お子さんの本来の姿に目を向け、存分にほめてあげましょう。まずは、私から、今この本を読んでいるあなたを、ほめたいと思います。

子育ての合間に読書しているなんてすごい！
ほめようとしているなんてすごすぎる！
もうそれだけで、努力している立派な親です！

おわりに

まずは、最後までお読みくださりありがとうございます。

私が、ほめ育に出逢ったのは、6年前。どうしたら、子どもたちを伸ばしていけるのか、どうすれば職員が成長していけるのか、そのために、私自身がどう成長していけばよいか。

そのことに悩んでいた私は、直感的にほめて育てるメソッドである〝ほめ育〟の導入を決めました。

もちろん、それまでも、ほめて育てることを大事にしてきたこともありますが、〝ほめ育〟は広がりも深みもまったく違うものでした。

そこから、ほめ育実践の日々。私自身が一番自分をほめ、他人をほめる行為を実践し続け成長できたのではないかと思っています。

そして、周りの職員にも少しずつ広がっていき成果がハッキリ見えてきたことからこのことを子育て中の親御さんに一番に知っていただきたい。実践して、みんながハッピーになってほしい、とこの本の出版に至りました。この本を手にした方の何かしらのヒントとなり、行動に、そして結果につながればと願っております。

私の人生のほめ育は、まだ途中です。可能性も無限。自分を信じ、信頼を確信に変えるためにも日々実践者として歩み続けていきたいと考えています。

皆さまには、この言葉を送って終わりにしたいと思います。

〝人はほめられるために生まれてきた。そう、幸せに生きるために〟

この本を手にした人は、すでに幸せ人です。

出版に際し、当法人の職員の皆が、ここまでほめ育を現場に広げようと努力を重ねてきてくれた事が何よりの感謝です。また、多くの関係者、編集制作に携ってくださった方々にもお世話になり今日があります。これからもこの感謝を胸に、私も日々進んでまいります。

げんきこども園　理事長
向井秋久

げんきこども園　理事長

向井秋久

社会福祉法人千早赤阪福祉会理事長。29歳で園長に、36歳で2代目理事長に就任。約40年間、大阪府で幼児教育の現場に携わる。現在、大阪にて、こども園を5園、認可保育園を1園運営。実際に自身も現場に日々顔を出し、子どもたちと触れ合っている。また、一般財団法人ほめ育財団が提唱する「ほめ育」を園に取り入れ、テレビでも「ほめ育導入園」として取り上げられ、注目を集める。ほめて育てる「ほめ育」導入園としては、日本一の規模を誇る。モットーは、「どんな子供も唯一無二の天才性を持ち生まれてくる」。

漫画・イラスト

モチコ

京都府在住の漫画家・イラストレーター。子どもたちとの日常を描いたマンガをSNSで発信、共感を呼び、現在Instagramではフォロワー18万人に。ウェブ媒体での連載のほか、著書に『育児ってこんなに笑えるんや！』（ぴあ）、『あれこれやめて気楽に生きたい 最高ズボラ生活』（KADOKAWA）がある。

取材協力：
石川こども園、あべのげんき学園の皆さん、子どもたち

STAFF
デザイン　前原香織（MMMorph）
校　閲　株式会社聚珍社
執　筆　曽田照子
編集協力　水沼　康
編　集　岡田好美（Gakken）

日本一ほめる保育園に教わる
子どもが伸びるほめ方
子どもが折れない叱り方

2024年7月10日　第1刷発行

著　者　向井　秋久
発行人　土屋　徹
編集人　滝口勝弘
発行所　株式会社　Gakken
　〒141－8416　東京都品川区西五反田2 - 11 - 8
印刷所　TOPPAN印刷株式会社

●この本に関する各種お問い合わせ先
本の内容については、下記サイトのお問い合わせフォームよりお願いします。
https://www.corp-gakken.co.jp/contact/
在庫については　Tel 03-6431- 1250（販売部）
不良品（落丁、乱丁）については　Tel 0570-000577
学研業務センター　〒354-0045埼玉県入間郡三芳町上富279-1
上記以外のお問い合わせはTel 0570-056-710（学研グループ総合案内）

学研グループの書籍・雑誌についての新刊情報・詳細情報は、下記をご覧ください。
学研出版サイト　https://hon.gakken.jp/